GUANGZHOU YANJIU

广州研究

2013

主　编：李江涛　郭　凡　蔡国萱
副主编：曾俊良　伍　庆　陈　剑
编　辑：禹　静　叶丛梅

中山大学出版社
SUN YAT-SEN UNIVERSITY PRESS
·广州·

版权所有　翻印必究

图书在版编目（CIP）数据

广州研究．2013/李江涛，郭凡，蔡国萱主编．—广州：中山大学出版社，2015.7
　　ISBN 978-7-306-05306-0

Ⅰ.①广… Ⅱ.①李…②郭…③蔡… Ⅲ.①广州市—概况—2013
Ⅳ.①K926.51

中国版本图书馆CIP数据核字（2015）第147870号

出版人：	徐　劲
策划编辑：	金继伟
责任编辑：	杨文泉
封面设计：	林绵华
责任校对：	李培红
责任技编：	何雅涛
出版发行：	中山大学出版社
电　　话：	编辑部 020-84110771，84110283，84111997，84110779
	发行部 020-84111998，84111981，84111160
地　　址：	广州市新港西路135号
邮　　编：	510275　传　真：020-84036565
网　　址：	http://www.zsup.com.cn　E-mail:zdcbs@mail.sysu.edu.cn
印刷者：	广东省农垦总局印刷厂
规　　格：	787mm×1092mm　1/16　12.5印张　230千字
版次印次：	2015年7月第1版　2015年7月第1次印刷
定　　价：	38.00元

如发现本书因印装质量影响阅读，请与出版社发行部联系调换

前　言

2013年是新一届中央政府履新的开端年份，也是党的十八届三中全会发出全面深化改革号角的年份，又是"十二五"规划实施的中间年份。中共广州市委、市政府提出了"围绕全面建设国家中心城市的目标"和"率先转型升级、建设幸福广州"的核心任务，坚持为民，用心做事，科学把握"五位一体"总体布局，坚定不移稳增长、促转型、惠民生、增后劲，全面推进新型城市化发展，努力建设低碳、智慧、幸福的美丽广州，力争全市经济社会发展再上一个新台阶的总体要求。为贯彻落实市委、市政府的工作部署，充分发挥在市委、市政府决策过程中的咨询作用，广州市社会科学院完成了一系列市领导交办的课题，同时主动追踪广州发展动态，主动策划完成决策咨询课题，在充分调研的基础上提出了建设性的对策建议，十余项研究成果获得市委、市政府主要领导的批示，为市委、市政府科学决策提供了坚实的理论基础和思想基础。

为进一步增强决策咨询研究优秀成果的资政功能并扩大社会影响，现把广州市社会科学院2013年决策咨询研究一部分有代表性的优秀成果整理编辑成册公开出版。由于编者水平有限，恳请读者批评指正，也欢迎专家学者赐教。

编　者

目 录

经济篇

"北上广"发展比较及广州的追赶策略 …………………………………… (3)
中长期战略视野下广州保持"第三城"地位的研究 …………………… (28)
广州加快城市国际化发展的目标、路径与建议 ………………………… (47)
智慧广州建设现状、问题和对策建议 …………………………………… (66)
加快推进广州两个新城区创新发展研究 ………………………………… (89)

社会篇

广州农村环卫保洁长效机制建设研究 …………………………………… (111)
广州市政策性涉农保险的问题与对策研究 ……………………………… (126)

文化篇

广州海上丝路史迹文化资源保护与利用的思路及对策建议 ………… (143)
广州建设"图书馆之城"研究 …………………………………………… (161)
广州加强非物质文化遗产生产性保护的建议 …………………………… (183)

经济篇

"北上广"发展比较及广州的追赶策略

广州是华南地区最大的中心城市，无论从 GDP 以及属于硬件的海港、空港、铁路港、信息枢纽之布局，还是从属于软件的广交会、国际重大赛事活动、国际交往机构看，广州都是名副其实的中国"第三城"，由此，广州顺势取得了国家中心城市的地位，更被民间誉为"北上广"，代表了中国城市的"第一方阵"。这一地位的取得有历史的因由，是全体广州人民不懈奋斗的结果，也是未来中国大都市崛起模式的典范所在。然而，我们需要清醒地看到，今天广州的城市地位开始受到严重挑战，不仅已面临随时被"追兵"赶超的危险，而且也面临着被北京、上海不断抛离的窘况，这不仅仅体现在一些总量指标上，更重要的是在一些关键性的功能指标或质量指标上，如总部经济、创新能力、金融功能、外贸、国际交往、地方财政收入等，这些年来广州与京沪两市的差距都进一步拉大了。

在这一背景和形势下，广州必须要有危机意识和战略眼光，避免在新一轮城际竞争中渐被边缘化。广州要在加快发展、做强做高上下功夫，要立足于与京沪比较，以京沪为标杆，巩固"北上广"地位。因此，广州的主政者提出了"加快发展促转型"的趋平衡型战略，力保中国第三城地位。本研究即是呼应这一战略背景与诉求，在全面比较评判"北上广"发展的基础上，为我市如何巩固"北上广"地位建言献策。

一、"北上广"的发展比较

我们首先从衡量城市发展的一些关键性功能、产业或指标出发，对"北上广"的发展实力作一简评。

（一）总部经济

总部经济是城市的高端功能，是资源配置的中枢，也是城市辐射力的象征。三市比较，北京总部经济实力居全国第一，上海紧随其后，广州与京沪实力差距较大，仅居全国第4位。（见表1）北京因其独特的首都优势而成为央企总部的集聚中心，而上海以中国的"经济首都"成为跨国公司的云集之地，广州在这两方面的总部资源上完全没有优势,而本土大型企业总部又偏少。此外,从动态的角度看,根据中国总部经济研究中心每年发布的评价结果看,2006—2012年间广州总部经济发展指数与京沪的差距进一步拉大了,且排名也从全国的第3位下降到现在的第4位,被深圳所超越。国际金融危机以来,广州拥有世界500强一直只有南方电网1家,而同期北京增加了18家,上海也增加了2家,这从侧面表明广州总部经济实力与京沪的差距进一步拉大了。(见表2)

表1 京沪穗城市总部经济发展实力比较(2012年)

指标＼城市	广州	北京	上海
总部经济发展能力指数	74.27(4)	88.66(1)	86.35(2)
拥有世界500强数(家)	1	44	6
引进跨国公司地区总部(个)	47	112	353
上市公司总数(家)	83	219	238

注:总部经济发展能力指数来源于中国总部经济研究中心发布的"2012年全国35个主要城市总部经济发展能力排行榜",括号内为城市排名。

表2 国际金融危机以来国内主要城市拥有全球500强变化情况(2012年)

城市＼指标	2012年全球500强(家)	2012年全球500强营业收入(亿美元)	2009年全球500强(家)	2009年全球500强营业收入(亿美元)
北京	44	29232	26	13614
上海	6	2308	4	1011
广州	1	605	1	411
深圳	3	957	0	0
杭州	2	492	0	0

(二)金融实力

金融是现代经济的核心和资源配置的枢纽,因而也成为一个城市的核心功能。三市比较,广州金融业规模只有北京、上海的1/3,占城市GDP的比重仅为6%,也不到京沪两市的一半。根据国内外经验,一个城市如果是区域金融中心,那么这个城市的金融增加值至少应占到该市 GDP 的 10% 以上，同时，各项贷款余额占 GDP 的比值至少要达 2 以上①，才能说明其在资金业务上具有较强的对外服务能力。与此对照，京沪全部达标，而广州这两项指标分别只有 6% 和 1.5，差距仍较大。金融机构总部数一般可反映金融能级的高低，贷款余额与 GDP 之比则反映金融辐射力的强弱，从表 3 可以看出，与京沪相比，广州金融中心既缺乏能级之"高"，也缺乏辐射之"远"。

表 3　京沪穗金融实力比较（2012 年）

指标＼城市	广州	北京	上海
金融业增加值（亿元）	850.0	2592.5	2450.4
金融业增加值占 GDP 比重（%）	6.3	14.6	12.2
金融机构总部数（家）	22	141	132
贷款余额/GDP	1.52	2.62	2.01
中国金融中心指数	36（38）	88（89）	100（100）

注："中国金融中心指数"取自深圳综合开发研究院所编制和发布，栏中括号内为与 2009 年第一期发布指数的对比。

值得注意的是，广州金融综合实力与京沪的差距也进一步拉大了，这从国际金融危机以来国内权威机构编制的"中国金融中心指数"的对比就可看出。

（三）创新能力

从总体上看，广州的城市创新能力远逊于京沪两市，这从福布斯公布的"中国城市创新指数"这一复合指标即可看出。（见表 4）

表 4　京沪穗城市创新实力的比较（2012 年）

指标＼城市	广州	北京	上海
福布斯中国城市创新指数	0.8672	0.9744	0.9904

---

① 黄奇帆：《重庆着力构建区域金融中心》，《中华工商时报》，2010 年 9 月 28 日。

续上表

指标 \ 城市	广州	北京	上海
国家重点实验室（个）	7	45	16
两院院士数量（名）	35	911	196
科技活动人员数（万人）	23.8	60.598	37.53
R&D 投入占 GDP 比重（%）	1.80	5.83	3.11
专利授权量（件）	18339	40888	47959
发明专利授权量（件）	3146	15880	9160
经认定高新技术企业（家）	1250	3523	2265
高新技术产品占出口额比重（%）	19.14	31.74	43.84

资料来源：各城市 2012 年国民经济和社会发展统计公报数据及科技信息网。

其中，在创新的支撑条件上，北京无疑具有压倒性优势，无论是拥有创新机构，还是创新人才，抑或是人口素质结构，广州乃至上海都远落后于北京。而在创新投入上，北京 R&D 投入占 GDP 比重高居榜首（约 6%），上海次之（3%），两市这一指标均已达"创新型国家"一般为 2% 的标线，而广州还不足 2%，与京沪差距较大。再从创新产出看，北京、上海专利产出均遥遥领先于广州，广州专利授权量不足北京的 1/2，不到上海的 1/3。更为关键的是，广州专利产出的总体质量偏低，具有核心技术性质的发明专利所占比重仅为 17%，明显低于京沪。最后从创新的经济绩效看，无论从高新技术企业数还是科技对出口的贡献率看，广州都远低于京沪。此外，北京在创意产业上雄霸全国，上海引领高新技术产业发展，广州均远不能与之争锋。

（四）工业制造业

首先，从产业规模看，广州工业总产值和增加值远落后于上海，但略高于北京（见表5），值得注意的是，广州工业集中程度较低，规模以上工业总产值占工业总产值的比重只有 85%，而同期上海、北京分别为 95% 和 91%，与之相关联，就是大型龙头企业偏少，在中国制造业 500 强中，北京有 39 家，上海有 23

家，而广州只有5家，而在前10强中，广州竟无一家入围，产业小、散、弱状况可见一斑。其次，从产业结构看，上海、北京重化工业比重均高于广州，其中，北京以中关村为代表的高新技术产业独领风骚，上海更是在汽车、宇航、钢铁、石化、重大装备等战略性领域形成了巨大优势。最后，从产业效益看，广州工业经济效益指数略高于京沪，表明广州工业虽企业规模都不大，但经济效益相对较好。

表5 京沪穗工业发展比较（2012年）

城市 指标	广州	北京	上海
工业总产值（亿元）	18507.2	15405.8	33186.4
规模以上工业总产值（亿元）	15806.8	14106.1	31675.1
工业增加值（亿元）	4513.9	3294.3	7417.6
规模以上工业增加值（亿元）	3855	3159.3	6446.14
中国制造业500强（家）	5	39	23
工业经济综合效益指数	275	253	268

数据来源：各市2012年统计公报或统计年鉴。注：工业经济综合效益指数为2011年数。

（五）文化实力

文化是一个城市的最高追求，也是城市软实力的重要构成之一。从文化产业规模看，京、沪两市遥遥领先，广州仅为北京的50%、上海的60%，远大于它们之间的经济差距。从文化品牌看，广州缺乏有国际重大影响力的文化遗产、项目和品牌。从文化设施和资源看，北京无疑具有绝对优势，广州、上海都没有世界级遗址，而广州的博物馆数、万人拥有公共文化设施面积等也明显低于京沪，但广州作为国家中心城市，国际会议中心、歌剧院等大型文化设施则一应俱全。从文化传播力看，北京作为全国文化中心仍遥遥领先，上海、广州大致相当（见表6），值得注意的是，随着流行文化趋弱及一批文化名人的纷纷北上，广州文化的全国影响力出现相对下滑的趋势。

表6　京沪穗城市文化软实力指标的比较（2012年）

城市　指标	广州	北京	上海
文化产业增加值（亿元）	1050	1989.9	1702.4
文化产业从业人员（万人）	70	140.9	124.8
UNESCO世界级遗址数（个）	0	6	0
博物馆数量（个）	30	162	120
报纸发行量（亿份）	35	79.9	15.61
期刊发行量（万册）	2.0	10.30	1.82
图书出版量（万册）	2.3	23.0	2.89

数据来源：各市2012年统计年鉴或统计公报。

（六）商贸业

就商贸业而言，京沪穗三大城市位居全国商贸活动的顶端。从产业规模看，广州商贸业增加值、社会消费品零售总额等为上海、北京的70%～80%，低于其经济规模的差幅，表明广州商贸业上具有一定的比较优势。此外，广州是全国新型商业和消费模式的引领者之一，网上购物和刷卡消费规模均居国内第一，无愧于"商都"之誉称。从结构层次看，广州连锁率低于京沪，世界知名零售商进驻率和奢侈品牌进驻率等指标也明显低于京沪（见表7），表明广州的商业档

表7　京沪穗城市商贸流通比较（2012年）

城市　指标	广州	北京	上海
商品销售总额	31800.3	50777.5	53800
社会消费品零售总额	5977.3	7702.8	7387.3
商贸业增加值	2400	2652	3600
批发零售比	6.15	5.72	7.15
国际知名零售商进驻率	25	37.5	38
国际奢侈品牌进驻率	32	67	64

数据来源：各城市2012年统计公报和2012年统计年鉴。注：表中"商贸业增加值"是指批发零售业和住宿餐饮业合计的增加值。世界知名零售商进驻率和奢侈品牌进驻率来源于世邦魏理仕（CBRE）于北京发布2012年《零售业全球化进程》报告（2012年4月27日）。

次不及京沪。此外，商贸实力还体现在对外辐射力上，从批发零售比这一指标看，上海商贸辐射力最强，而广州略高于北京居第二位，与上海的差距并不太大。从总体上看，商贸业属广州的强项，同金融、创新等方面比，广州商贸实力与京沪的差距相对较小。

（七）交通功能

京沪穗既是国内交通枢纽，也是名副其实的国际交通重要节点。在货运方面，上海凭借优良的港口群和强大的远洋运输能力，货物周转量雄居国内第一，而广州凭借华南中心城市的地位，物流实力仅次于上海居全国第二。在客运方面，珠三角数以千万计的外来劳动力大都经广州中转，使得广州年旅客周转量雄居国内第一。从具体交通枢纽方式看，港口物流，上海雄居国内港口货物吞吐量首位，北京无港口，广州港口货物吞吐量虽大，但受香港、深圳的制约多为短途中转；空运方面，已形成京沪穗三大国际枢纽型空港的稳固格局；铁路方面，以北京铁路枢纽能力最强，广州次之，上海最弱（见表8），值得一提的是，随着全国高铁网和珠三角城际轨道网的逐步形成，广州铁路枢纽的能级将进一步提升。

表8 京沪穗交通枢纽功能的比较（2012年）

城市 指标	广州	北京	上海
年货物周转量（亿吨公里）	2861.19	588.1	20367
年旅客周转量（亿人公里）	1879.09	1527	1307.56
港口货物吞吐量（亿吨）	4.48	0	7.28
机场旅客吞吐量（万人次）	4504.40	8131.91	7456.02
航空货邮吞吐量（万吨）	152.92	166.38	353.93
铁路客运线路（条）	494	676	380

注：航空货邮吞吐量和机场旅客吞吐量数据来源于中国民用航空局《2011年全国机场生产统计公报》。

（八）经济效率

经济效率反映了一个城市的资源利用效率，一定程度上也反映其财富创造能力。从一些主要衡量指标看，广州人均GDP略高于京沪，规模以上工业经济效益也好于京沪而居首位，而地均GDP和劳动生产率两个指标则均由上海夺魁，表明上海城市集聚效应较好。从总体来看，在三大龙头城市中，广州与上海经济效率相当，而北京相对落后。（见表9）

表9 京沪穗城市经济效率的比较（2012）

城市 指标	广州	北京	上海
人均GDP（万元）	10.63	8.82	8.56
地均GDP（亿元/平方公里）	7.96	7.41	9.68
劳动生产率（万元）	17.11	16.64	18.20
规模以上工业经济效益综合指数（%）	289	254	268

注：地均GDP是指城市单位建设用地所产生的GDP。

（九）福利溢出

在三大城市中，虽然广州人均GDP最高，显示人均创造财富水平最高，但居民实际获得的人均福利水平（这里主要以居民收入计）却低于上海，略高于北京。广州福利溢出率偏低，一方面暴露了国民收入分配上的缺陷，另一方面也与我们以外资为主导的经济结构有关。此外，相对于京沪，广州产业结构层次偏低，多数行业处于产业链低端也是原因之一。（见表10）

表10 京沪穗城市福利溢出水平的比较（2012）

城市 指标	广州	北京	上海
城镇居民人均可支配收入（万元）	3.81	3.65	4.02
农村居民人均纯收入（万元）	1.69	1.65	1.74
人均GDP（万元）	10.63	8.82	8.56
经济成果的福利溢出率（%）	36	41	47

注：这里"经济成果的福利溢出率"以城镇居民人均可支配收入除以人均GDP粗略表示。

（十）国际交流

从国际交流机构看，广州与北京、上海和成都同为驻外使馆集聚之地，但外国使领馆远远少于京沪，广州迄今还没有国际组织，在引进世界500强和外资金融机构方面也落后于京沪；从国际交流设施看，广州拥有国际会展中心等世界级硬件设施，这方面与京沪大致处于同一水平；从国际交流人口看，广州常住外籍人口规模远远落后于京沪，且层次偏低，而年接待外国游客和外国留学生与京沪相差则不大；从国际交流活动看，广州拥有天下第一展的"广交会"，但拥有国际友好城市及外贸进出总额远落后于京沪，由于国际知名大学难及京沪，广州每年举办有国际影响力的学术会议也较少。从总体来看，北京、上海无疑是我国最重要的国际交往中心，而广州也有较完备的国际交流功能。（见表11）

表11 京沪穗国际交流功能的比较（2012年）

指标 \ 城市	广州	北京	上海
外国使领馆数（个）	12	160	46
国际组织（个）	0	1	1
国际友好城市（个）	22	41	71
外资金融机构数（家）	62	290	173
引进世界500强（家）	170	250	491
外贸进出口总额（亿美元）	1162	4079	4367
常住外籍人口数（万人）	2.5	10.7	20.8
年外国游客数（万人）	276.27	447.41	554.99
外国留学生人数	18000	39141	18531
国际学术会议次数	24	224	109
Google城市搜索条目数（亿次）	14.3	32.8	26.5

资料来源：外国游客人数来源于国家旅游局统计网站。

从已有的经济规模、产业结构水平及作为国家中心城市的实力表明，广州已具有较高的城市能级。从具体指标看，广州人均水平、经济效率、商贸消费、交通枢纽等优势凸显，服务经济初显端倪，但金融功能、总部经济、创新能力、文化实力、国际交往水平等与京沪差距较大，工业经济也相对落后，经济成果的福利溢出水平低于京沪两市。在未来发展中，广州应致力于壮大工业经济，同时全力提升金融产业和创新能力，强化城市高端服务职能，以确保全国城市"三甲"的地位，并逐步进入世界城市体系的更高层级。

二、广州与京沪存在较大差距的成因分析

从上面比较结果可以看出，京沪穗虽分别为国内最发达的三大经济圈的龙头城市，但无论从城市发展的量或质上，还是从城市发展的规模和功能上，广州的龙头核能与北京、上海都还存在较大差距，我们对导致这种差距的深层原因进行了分析。

（一）城市规模较小是主因

一个城市的综合实力归根到底是由其经济规模所决定的。目前，在三大城市格局中，京沪经济总量遥遥领先，广州远为落后，2012年广州经济规模仅为上海的67%，为北京的75%。而广州经济规模较小与其城市规模（包括人口与城区规模）相对较小有很大的关系。从有关数据显示，广州人口规模仅分别为上海的54%、北京的63%，而城市建成区面积也仅为上海的63%、北京的78%。可见，城市规模较小是导致广州综合实力远逊于京沪的直接原因。值得注意的是，广州目前的土地开发强度达23%，虽已明显高于北京，但若依照上海的开发强度标准，则广州在城市规模的扩张上还有一定的空间和潜力。（见表12）

表12　京沪穗城市规模与经济规模的比较

指标＼城市	广州	北京	上海
城市建成区面积（km^2）	1268	1563	990
城市常住总人口（万人）	2019	2347	1270
城市GDP（亿元）	17801	20101	13500
土地利用强度（%）	14.3	35.8	22.8

数据来源：北京统计信息网、上海统计网和广州统计信息网。城市GDP为2012年数，其余为2011年的数据。

（二）国家政策推动力不足

在我国现行体制和背景下，来自中央的政策支持对一个城市的崛起非常重要，其作用不仅体现在资源投入上，还表现在功能配置上。首先，是体制权限的制约。在三大城市中，京沪均为直辖市，其中北京更兼首都之优势，而广州仅为副省级城市，这种体制上的差异使广州在两个方面处于劣势：一是地方可控财力较少。2012年，京沪两地方财政一般预算收入分别为3314亿元和3744亿元，而广州是1088亿元，仅为上海的29%和北京的33%，人均财政收入仅为京沪的一半左右，也远不及深圳、天津、苏州等城市，与其经济总量的排名严重不相称。与直辖市相比，广州在现行财税体制下，不仅创造财税总收入较少，而且在主要城市中地方财政留成比例最低，从而造成广州在可支配财力上相对落后的尴尬局面（见表13）。二是国家级资源和功能配置较少。北京因其首都的特殊地位，在科技、文化、教育、总部经济、国际交流等资源配置上具有天然的绝对优势，而上海作为中国经济中心，国家在基础工业、重大装备、高新技术、金融、港口等方面也是重金投入，使上海在金融、贸易、航运、汽车、宇航、钢铁、石化上形成了全国性优势。反观广州，由于行政级别低，管理权限小，在国家进行资源配置时，广州就不能如直辖市那样直面中央争取，而必须在全省范围内平衡，由此导致国家对广州的资源配置相对较少。目前来看，国家唯一赋予广州并具有全国影响力的也就是"广交会"这一商务平台。

其次，来自国家的政策支持相对较少。作为首都，北京无疑具有获得国家政策支持的天然优势，庞大的中央各部委机关及下属企事业机构的存在，相应促动了央企总部的高度集聚，也为当地经济带来了额外巨大的市场需求和发展动力。而上海能迅速崛起为中国经济的第二极，在相当程度上也是中央政策——浦东大开发战略实施的结果。作为中央批准的国家级新区，浦东新区从中央层面获得大量特惠政策和国家大量的项目支持。反观广州，尽管近期也获批南沙新区并上升为国家战略，但与浦东新区、滨海新区等相比，一方面获批时间太晚，另一方面国家既没有给予特惠的政策支持，也没有来自中央的大项目投入。而至于中央各部委授予广州的"×××基地"等各种软性服务平台，广州确实获得不少授牌，但这种政策支持一方面往往非广州所独有，而是在全国成批次颁布，另一方面也大多缺乏国家相应的实质性资源的投入。

表13　广州与国内主要城市经济与财政收入指标的比较

指标 \ 城市	广州	北京	上海	天津	苏州	深圳
城市 GDP（亿元）	13500	17801	20101	12885	12115	12950
全市实现税收总收入（亿元）	3555	8057	10409	2560	2600	3728
地方一般预算收入（亿元）	1088	3314	3744	1760	1204	1482
一般预算收入占税收总收入比例（％）	30.6	41.1	36.0	68.8	46.3	39.8
地方一般预算收入占 GDP 比重（％）	8.1	18.6	18.6	13.7	10.0	11.4
人均一般预算财政收入（万元）	0.86	1.64	1.60	1.30	1.15	1.42

注：由于"源于城市的财政总收入"各市统计口径差异较大，而各市的税收总收入统计口径完全一致，且在城市的财政总收入中占有主体地位。因此，这里以"一般预算收入占税收总收入比例"近似地衡量地方财政留成比例。

（三）工业化进程不充分

广州在城市能级上未能快速上升从而真正形成与京沪三足鼎立的态势，在相当程度上还与自身战略推进中的某些失误有关。进入新世纪之后，以汽车、石化、钢铁、船舶等为代表，广州工业开始迅速向重型化演进，重化工业为广州带来了巨大的增长动能。然而，好景不长，迫于资源环境和舆论压力，从"十一五"开始，在推动经济社会发展模式转型的施政框架下，决策层迅速将政策重心转向服务经济，在城市定位上聚焦于"国际商贸中心"和"世界文化名城"，在实践上通过"退二进三"、"腾笼换鸟"、产业转移等政策行动，腾出空间资源大力发展现代服务业，同时对重化工业的扩张实施控制，对于一些具有重大战略价值的重化项目如中科石化、钢铁等先后放弃，从而严重影响了重化工业的正常进程，也制约了经济"蛋糕"的迅速做大。事实上，广州的工业化远未完成，也不可跨越，我们提出"以服务经济为主导"，但绝不意味着在战略上忽视制造业，我们还应加大力度扶持和推动工业向高级化发展，这是因为：

首先，从国际经验看，广州工业化进程远未完成。随着经济的不断发展，制造业所占比重的变化一般呈倒"U"型特征，当工业化进展到后期时，会出现工业比重步入下滑通道的所谓"拐点"。这个拐点，根据魏后凯教授对发达国家及其大都市的实证研究，在英国大致为人均 GDP 18000 美元（1974 年，换算为 2010 年美元，下同），在美国大致为人均 GDP 19000 美元（1953 年），而在此之前，工业比重保持相对稳定甚至略有上升①。而在东亚地区，日本、韩国尤其是新加坡的这一拐点则更拖后一些，即使在进入后工业化之后，其工业比重仍保持了相当一段时间的稳定。总之，工业开始出现持续衰退和比重下降阶段，大致都在一国或地区工业化完成之后（即后工业化时期）或进入高收入国家阶段后。反观广州，其工业比重持续下降的拐点大致出现在2005年，在此之后，第二产业比重呈持续性缓慢下降之趋势，大致从2005年占GDP的41%下降到2012年的34.8%，平均每年下降约1个百分点。而六七年前广州人均GDP还远未到达1万美元，那时就开始收缩重化工业显然为时过早，即使今天广州人均GDP已达高收入国家的门槛上，但从工业内部结构、自主创新能力和核心技术的掌控来看，广州还远未完成工业化进程，特别是以装备制造为代表的高端制造业和环保、新能源等新兴产业仍具有巨大的发展潜力。

其次，工业比服务业能更有效地推动经济增长。工业特别是制造业历来被誉为经济增长的"发动机"，从各国的实证经验看，工业比重的下降必然导致经济增长速度的下降；与工业变动趋势相反，当服务业比重迅速上升的同时，经济增长速度反而会放慢，在正常条件下，服务业比重与经济增速呈负相关关系。这是因为，服务业主要是作为非物质资料的生产活动，与工业主要作为物质资料的生产活动具有不同的特点和效果，服务业的主要任务是吸收"剩余"，而创造"剩余"的能力远不如物质资料生产部门，这些结论已被相关研究所证明。此外，服务经济一般附带了更多的消费因素，工业经济一般附带了更多的投资因素，而投资拉动经济增长的乘数效应要明显大于消费，因为，投资效应不仅包括由固定资本形成总额对经济增长的直接贡献，而且包括投资品行业收入增加所推动的一系列次级消费增加而对经济增长的间接贡献。可见，投资可以从两个层面做大GDP，因而对GDP增长具有立竿见影的效果。近些年，广州大力推动现代服务业发展，从而使其比上海更早地进入"服务经济"阶段，而由于工业缺乏大项目拉动，也相应减弱了投资力度和机会，从而导致经济增速始终提不起来。此外，广州没有北京、上海那样超强的总部经济和金融中心优势，若工业再不有效发力，仅仅依靠消费所支撑的商贸业，增长前景实在堪忧。

再次，区域竞争格局要求广州必须发挥工业比较优势。在珠三角，香港已在高端服务业上树立了牢不可破的地位，形成了面向全国的辐射力，深圳在高科技产业上占据了"制高点"，成为全国的领军城市，而珠三角其他地区则在轻型制

---

① 魏后凯等：《北京国际大都市建设与工业发展战略》，《经济研究参考》，2005年第24期。

造业上"称雄"。在这样的区域格局下,广州若不在工业领域深度拓殖及推动结构升级,全力发展以装备制造为主体的现代重化工业,则广州就无法避开与香港的同质化竞争,也不能有效发挥比较优势,更难于起到带动珠三角经济转型升级的作用。目前,珠三角主要为外资经济,其所需高端生产性服务主要依靠境外,而广州要发挥中心城市的辐射带动效应,其发力点应选择在装备制造和战略新兴产业上,期望为整个珠三角提供工业"母机",并在战略新兴产业的培育上提供技术支撑、引领和示范。

最后,发达国家普遍出现"制造业回归"。发达国家均已进入后工业化阶段,其工业比重在过去30多年不断降低或早已处于较低水平。但在国际金融危机后,我们看到这些已处于后工业化阶段的发达国家又纷纷设法复兴制造业,力图从新兴工业国手中夺回部分市场份额和就业机会。当然,发达国家的"制造业回归"不是简单的回归,而且力图开启所谓的"第三次工业革命",积极抢占新一轮主导产业的战略制高点。在这样的背景下,我们广州更不应忽视工业发展,而应准确把握工业化新态势,在战略新兴产业领域进行超前布局和积极谋划,从而避免成为第三次工业革命的落伍者。

(四)战略性资源争夺不够

现代城市之间的竞争,从根本上讲就是外部资源的竞争,而对于京沪穗这样的大都市而言,则主要体现为对战略性高端资源的争夺,如总部经济、金融资源、跨国公司投资、生产力骨干项目以及国际机构、国际重大活动、海内外尖端人才等。从现实看,无论从京沪穗比较,还是进一步放大到副省级城市的范畴看,广州在争取战略性高端资源方面的努力都显得很不够。

总部经济是反映一个城市经济能级和资源调度与配置能力的象征,因而成为各市不遗余力争夺的战略性资源。北京、上海无疑占据了绝对优势,分别成为央企总部和海外跨国公司入驻中国的总部集聚基地,深圳也后来居上,先后培育出了万科、华为、中兴、腾讯、比亚迪等世界级名企,引进了一大批世界500强,成为仅次于京沪的总部经济基地,而广州在这方面则被远远抛在了后面,进驻的总部企业缺乏"含金量"高的世界名企。

金融资源更是包括京沪在内的许多城市积极争夺的重点对象,目前,北京是四大行总部所在地,上海、深圳获得证券交易所平台,天津获得国家金融改革创新实验区,成为全国规模最大的股权投资基金集聚地,温州获得金融综合改革试点,成为全国的民营金融试点基地,重庆、杭州也不遗余力地争取金融资源,先后获批多个金融交易平台，使得其金融产业规模直逼广州。相比之下，广州迄今所争取到的金融资源成果非常有限。

央企投资往往规模大，产业带动力强，属于典型的中央高端资源。在现行体制格局下，各地积极争取央企投资已成为地方经济发展的重要途径。然而，在过去相当长一段时期内，广州在争取国家资源投入尤其是央企投资方面工作力度明显不够，从而导致一些富有战略价值的新兴产业项目（如航空航天、新能源等）极少落户广州。而在这方面，北京、上海尽享先天优势，成为央企及央企项目的集聚地，而天津也因"近水楼台"优势而成为最大的受益者，来自央企的巨额投资成为滨海新区开发的最大驱动力。

吸引外资是我国许多地区崛起的重要经验，特别在引进世界500强和跨国公司方面。广州曾是引进外资的先锋城市，但在进入新世纪之后，随着全国对外开放格局的形成，广州每年实际利用外资长期徘徊在30亿美元左右，大大低于上海、北京甚至天津、苏州、深圳、重庆等动辄上百亿美元的水平。除汽车产业之外，广州在引进大项目方面屡遭挫折，项目数量不少，但标志性大项目或带动力强的生产力骨干项目屈指可数。

（五）区域腹地支撑力不足

城市综合实力的提升离不开所在区域腹地的有力支撑，这种腹地支撑既包括腹地空间规模和区域经济发展水平，也取决于区域经济一体化及主要城市之间的竞合关系。目前，围绕京沪穗三个中心城市，在我国分别形成了三大经济圈，而相比于北京、上海，广州所面临的区域支撑无疑是最弱的。

首先，有效腹地空间较小。从直接腹地的空间规模看，广州所在珠三角经济圈仅有4万平方公里左右，远低于北京所在环渤海经济圈的21万平方公里和上海所在长三角经济圈的11万平方公里。腹地规模较小，就意味着中心城市可集聚运筹的资源相对较少，这必然影响到中心城市的规模能级。从历史上看，珠三角经济圈为广州中心城市的初期发展起到了重要的支撑作用，但从广州作为国家中心城市的能级提升和进一步发挥区域龙头带动作用看，这种腹地空间就显得相对有限。

其次，所面临的区域竞争格局不利。上海、北京都是各自经济圈的首位城市或龙头"老大"，是所在经济圈内城市能级最高，产业集聚最高端、最密集的核心城市，特别是上海所在的长三角经济圈，已形成了国内产业分工布局最完善、城市功能分异最明显的大都市圈。而广州作为中心城市所面临的区域竞争格局却十分尴尬,与上海、北京在各自经济圈的绝对龙头地位有所不同,广州所在的珠三角经济圈还同时面临着另外两个能级大致相当的中心城市——香港和深圳的竞争,由此,在较小的珠三角地区,广州的中心城市地位不但面临着国际大都市——香港的强势竞争,在高端服务业方面处于下风,而且还面临着快速崛起的新经济中心——深圳的有力挑战,在高科技制造业方面大大落后。更为不利的是,这两个中心城市均为特区,一个是行政特区,一个是经济特区,能够直接从国家获得许多优惠政策,这使得广州在一些战略性资源的争夺上处于不利地位,许多战略性发展平台、重大改革试验及优质大项目都未能落户广州,从而使广州可获得的高端资源被大大分薄,中心城市功能效应相对弱化,龙头核能受到了较大程度的削弱。

最后,区域分工协作体系不利于广州。珠三角地区长期形成了以外资经济为主导的格局,而这些外资所需的生产性服务主要在香港等境外地区,同时,由于外资主导的强势,广州自身也被卷入成为外资生产基地的一部分,整个珠三角没有能形成以广州为核心的"广州总部+珠三角生产"的垂直型产业分工体系,由此导致广州与东莞、惠州等二线城市之间缺乏紧密的产业链协作,从而对"广州服务"的总体需求不强也不大,制约了广州服务能级的进一步提高。而反观上海,由于其在长三角的绝对龙头地位,其他城市都主动寻求与之错位发展或"接轨上海",避免同质化竞争,使得上海能够雄霸区域产业链高端;即使在环渤海经济圈,随着北京"十一五"期间将生产制造功能逐步向天津转移,京津的竞合关系得到显著改善,北京进一步向总部经济、金融控制、信息中心、文化创意中心等高端功能演化,形成"服务全国"的能力。

(六)"中心强、郊区弱"的格局没有实质性改善

一个城市的实力和活力,不仅在于中心城区的繁荣,还表现在郊区的强大。在这方面,北京、上海形成了鲜明的对比,而广州更应向上海学习。在北京,包括西城、朝阳、海淀等六区在内的中心主城区占全市GDP的比重高达75%,人口占比也超过70%,而其面积却不到全市面积的8%,土地产出率大致为郊区的30倍以上。相对而言,上海的主城区GDP大约仅占全市的40%,而且比较分散,浦东新区就分流了老城区很大部分的功能和人口,而郊区如青浦、闵行、嘉定、松江等区,其经济产值与核心几个区都大致相当,形成多级驱动,这些远郊强区容纳了大量的就业人口,而上海主城区人口,不过700万人左右,不到总人口的三分之一。由此,北京尽管拥有首都的功能优势,也具有更大的空间资源,

但在综合实力上还是上海要更胜一筹。反观广州,目前格局更趋向于北京模式,以越秀、天河为代表的中心城区占到全市 GDP 的近 70%,人口的 61%,而郊区各区中,除萝岗区之外,其他各区(市)经济实力都较弱,远不能与中心区相比。此外,公共服务资源也高度集中配置于中心区,使得郊区副中心或新区的"反磁力"效应很弱,就业人口仍主要拥挤在中心城区,而郊区新城多沦为缺乏实力的"卧城"。

中心城区与郊区差别的过大,固然使中心城区产生了聚焦效应,但也造成了郊区的塌陷。仅靠一个主城区的实力去支撑整个大都市的功能和发展,其综合能量毕竟有限,而立足于副中心或卫星城建设在郊区培育多个增长极,才能稳固壮大城市综合实力。需要强调的是,主城区发达而郊区落后,所有资源都集中在市区,也是造成交通拥堵、房价畸高的一个重要原因。

(七)改革精神和"制度红利"的缺失与弱化

北京、上海具有先天体制和国家政策支持的优势,相比之下,广州更多地依赖市场化改革和市场机制的动力发展起来的典范。当年,广州经济实力地位不断上升并得以长期稳固,除了地缘优势外,主要靠的就是大胆锐意的改革精神和不断创新突破的"制度红利",20 世纪 80 年代,广州在制度变革和机制创新上曾创造了多项全国第一(如首创外经一条街等)。这种改革动力主要来自于一批有改革精神的政府官员,探索制度创新,吸引外商企业,培育市场机制,他们为形成新的发展动力和模式,焕发出惊人的敢想敢闯敢干精神。然而,自跨入新世纪以来,广州在改革创新方面的势头明显减弱,许多新的重大制度创新(如大部制改革、金融创新等)鲜有出自广州,而是来自深圳、苏州、温州、天津、重庆等其他城市,过去广州曾经常享有的"制度红利"日益丧失。这种现象也不独为广州所有,改革越改越难,既得利益格局越来越强,是当前中国社会利益多元化日益凸显背景下改革的阶段特征,但这个时候,也是历史考验一国或地区是否有希望、有前途的关键时刻。

综上分析,广州与京沪两市存在着全方位的发展差距,这里有城市规模、体制权限、国家政策、腹地大小等外在客观性原因,也有自身产业战略失误、工业化发展不足、争取战略性资源力度不够、改革创新动力逐步弱化等主观性因素。从总体来看,主观因素与客观因素是"三七分",客观因素应该是主要的,而主观因素也不容忽视。

三、广州提升龙头核能，缩小与京沪差距的对策思考

广州必须立足于与国内一流城市的比较与竞争，有效缩小与京沪的综合能级差距，要立足现实，扬长避短，对症下药：一是立足于扶"优"，巩固扩大优势因素；二是争"高"，注重把握高端，增强高端控制力；三是要拓"远"，注重扩大腹地，在不断开拓腹地过程中壮大自己；四是补"缺"，突破薄弱环节；五是要着力培"源"，强化发展后劲，培育新的动力源。

（一）扶"优"：通过强化优势因素提升广州的经济实力

要尽快缩小与京沪在经济实力上的差距，首先必须立足于发挥广州固有的优势因素，主要包括优势产业和优势区域。一个地区的优势因素往往具有比较优势和更高的经济效率，将资源优先投入优势领域或环节往往能取得较理想的回报。

一是着力扶持优势产业。汽车、商贸、物流是广州三大传统的优势支柱产业。要利用市、区两级产业发展资金的放大效应，集中资源扶持三大优势产业稳步壮大。首先，全力打造汽车产业集群，引导汽车产业向第三产业、研发、新能源三大方向拓展，形成集群效应，增强根植性，同时，设立汽车产业发展基金，瞄准核心技术进行突破，提升自主品牌竞争力。其次，引领商贸会展再创辉煌，零售业要围绕建设国际"购物天堂"优化购物环境，提升商业能级，批发业重点是加快老城区专业市场的转型升级，同时，结合会展业打造一批国际采购中心。最后，巩固现代物流业发展，发挥海陆空铁方式齐备之优势，引导第三方、第四方物流有效拓展，促进国际性、区域性、城市配送型物流有效衔接，推动工业物流、商贸物流、农产品物流、保税物流协调发展，同时加快与电子商务、物联网相结合，大力推进物流园转型及国家电子商务示范城市建设。

二是着力扶持优势区域。广州的优势区域主要有四大块，一是作为新城市中心的天河区，GDP第一，是服务经济最强区；二是作为现代产业基地的萝岗区，工业规模第一，是工业经济最强区；三是作为国家级新区的南沙区，是典型的政策强区；四是拥有国家级开发区的增城市，是未来发展潜力最大区。其中，天河应围绕CBD、国际金融城、智慧城等高端平台建设，加快引入高能机构和企业总部，全力推动产业高端化，进一步提高经济密度；萝岗应以广州科学城、中新知识城为主要载体，在提升产业能级的同时，增加公共服务，完善商业配套，构建公共中心，优化宜居环境，加快萝岗从"产业功能区"向"城市发展区"转

型；南沙应充分利用政策优势，实施"双轨并进"，一方面，加强与港澳深度合作，在金融保险、航运等高端服务领域实施开放突破；另一方面，强化南沙作为汽车、造船、重大装备等先进制造业基地的功能，同时，高度重视打造粤港澳优质生活圈，吸引足够人气，形成城市氛围。增城应按照都市副中心的标准，在做强先进制造业，提升工业园能级的同时，按照"一核三区"的功能布局，完善东部交通枢纽中心规划，推进"美丽乡村"建设试点，打造生态、休闲、智慧、幸福新增城。

三是着力培育优势资本——城市魅力。城市魅力是指一座城市的功能、名声、制度和形象在国际上逐步增强的知名度和关注度，是城市的无形资本（见表14）。当一个城市初现魅力时，国内外企业开始看好这一城市，于是各种投资行为纷纷产生，而这种投资行为实际上推动了城市投资环境的改善，使得城市更有魅力，相互作用之下，魅力给城市安装上了加速器。20世纪八九十年代，广州领改革开放风气之先，凭"千年商都"之美誉，率先在商品经济大潮中破浪前行，成为各类人士纷至沓来、经商致富的天堂，其城市魅力独领风骚，这才有"东南西北中，发财到广州"的局面。而20世纪90年代末之后，大量人口（包括许多低端人口）无序涌入所形成的城中村、马路经济以及社会治安、环境恶化等问题，却成了广州的负资产，广州一度被国人戏为"国际大墟镇"，加之全国开放格局的形成和长三角的崛起，广州的城市魅力大减，影响了高端投资，也导致一批企业总部和文化名人纷纷外迁。广州今天在高端功能上的差距，固然有国家政策的因素，但与自身魅力弱化也不无关系。因此，广州今后应借助"中国第三城"和国家中心城市的名号，强化城市魅力的培育，以综合竞争力提高对外影响力，以独特优势增强城市吸引力，以良好的制度环境和文化氛围营造亲和力，以宏大的发展蓝图创造想象力，高度重视营销城市的特色、潜力、前景和地位。

表14 世界城市的魅力构成

影响力	吸引力	亲和力	想象力
综合实力	集聚能力	制度机制	发展预期
突出功能	区位优势	国际化水平	规划蓝图
辐射能力	现代化水平	综合服务能力	发展潜力
知名程度	开放程度	城市生活质量	可能性

（二）居"高"：以高端突破提升国家中心城市的控制力

高度决定影响力，高端代表话语权，一个城市是否具有实力和控制力，与它具备的功能能级有很大关系，而功能能级除了受行政管理权限的部分影响外，归根到底是由产业能级或产业结构高度决定的，也决定于一个城市的主导产业在全球产业链中所处的地位。广州与京沪的差距，更大的还是功能及产业能级上的差距。因此，今后广州应全力培育高端产业、高端环节、高端功能，以提升城市控制力和话语权。

一是全力打造总部经济。首先，要力保本土企业总部不流失，并不断培育壮大本土企业总部群，同时，不遗余力地引进跨国公司的区域总部、腹地乃至全国的总部企业以及企业集团的研发中心、投资中心、采购中心等；其次，精心打造总部集聚载体，这类载体一般位于 CBD 内，但也分布于一些专业性园区，在空间规划上应采取多中心、有特色的分类集聚式布局，形成区域集聚效应；再次，要完善服务体系，借鉴外市经验，成立统一的"总部经济促进中心"，在行政服务上给总部企业发放"办事优先卡"，在相关职能部门办事享受"绿色通道"或"优先办事窗口"服务；最后，设立并逐年扩大"总部经济奖励扶持专项资金"，加大对新入驻总部企业的奖励和资助。

二是重点突破金融产业。金融是现代经济的核心和资源配置的枢纽，也是广州一直以来的"软肋"，广州具有庞大的金融市场，但却未能形成强大的金融产业。为此，广州应解放思想、积极谋划、准确定位，着力打造金融产业核心竞争力。从错位发展考虑，广州应重点构建区域性产权交易中心、财富管理中心和期货交易中心，并力争在中小微民营金融上实现重大突破；同时，注重扩大金融辐射力，积极引导金融机构在高铁沿线节点城市加快布点，积极谋划设立新的金融交易平台，如区域性票据交易所、信贷资产交易所、外汇交易中心以及场外交易市场等。最后，加快金融功能区建设，精心打造好珠江新城、国际金融城、民间金融街等各具特色的发展平台，使之成为广州区域金融中心的重要支撑。

三是全面提升创新能力。不断创新才能走在时代前沿，引领产业方向，也才能有话语权和影响力。广州虽被国家确定为创新型城市，但离京、沪甚至深、苏等都有较大差距。为尽快改变创新力相对落后的局面，广州要把握以下着力点：严格实施知识产权保护，坚决打击和严惩假冒、盗版、侵权行为；重点推进国际创新城、天河智慧城等重大创新平台建设，加快培育一批创新龙头企业；落实人才聚集工程，以"千人计划"南方服务中心为依托，构建全球创新网络；加快构建横向协同的创新合作网络，充分推动部门间科技资源共享和重大专项跨部门合作攻关；拓展、丰富区域创新体系，在重视科技创新的同时，进一步将思想创新、经营创新、管理创新、服务创新、制度创新等纳入综合扶持政策体系，推动全民创新；改善政府创新资金分配机制，纠正企业将创新重点由研发设计、实验开发转向主要针对政府部门的公关、博弈的异化现象。

四是大力培育"广州价格"。掌控定价权也是城市控制力的重要体现。广州在某些产品的国内外贸易上已初具定价权，形成了所谓的"广州价格"。下一步，广州要做大做强"广州价格"，不仅要谋攻商品领域的定价权，还要延伸介入服务市场以掌控服务标准的制定权。为此，广州应首先从大宗商品入手，重点建设金属、粮食、石化、煤炭、化工等大宗商品交易中心，强化"广州价格"的形成基础；同时，积极推动市场功能拓展和交易方式创新，重点引入拍卖、招标、仓单质押、电子商务等现代交易方式，实现远期交易和远程交易，扩大"广州价格"对外辐射力。依托大宗商品交易中心、大型专业市场、国际采购中心等，逐步形成多层次的"广州价格"体系，以吸引跨国公司、世界顶级品牌代理商、知名工业企业交易中心等高端集聚，提升商贸活动控制力。

五是积极占据制度文明"制高点"。与北京、上海、深圳等一线城市相比，广州已可以在制度文明的创新方面占据一席之地，这实际上体现的是城市的另一种软实力。改革开放初期，广州之所以能在城市竞争中脱颖而出，与其在市场经济体制、机制方面的先导性探索、创新紧密相关。今天，中国经济、社会再度面临极其复杂而又迫切推进的改革局面，面临建立与现代国家相适应的制度文明的重任，中央需要地方在一些关键性制度领域进行积极探索与率先突破，而广州具有义不容辞的责任，比如在公民社会、信用体系、自由竞争、绿色发展、反腐机制、透明监管、社会建设等制度层面上，能否率先探索并有所突破。

（三）望"远"：借助腹地拓展提高中心城市的势能

构建广阔的腹地是中心城市不断发展壮大的基础，中心城市的集散功能和高端势能主要是在与腹地的互动交流中不断形成和实现的，腹地空间的大小，在一定程度上决定了中心城市功能层级以及未来增长的潜力。广州要赶上北京、上海所具有的实力和势能，必须致力于突破相对狭小的腹地限制，巩固直接腹地、争取竞争腹地、争夺潜在腹地。为此，广州可从以下方面来扩展对腹地的影响力和辐射力。

一是借助高铁网络拓展经济"版图"。在巩固与珠三角产业协作的同时，广州应充分利用高铁网络拓展积极腹地。一方面，加快华南高铁网建设，协助推进贵广高铁、南广高铁建设，积极协调规划由广州到福州、赣南地区等新高铁线路规划，提高广州与周边省（区）的快捷通达能力；另一方面，发挥区域合作及"双转移"的政策效应，积极拓展与广西、湖南、江西等外省区的产业合作，鼓励本地龙头企业实施跨省区产业投资，大力引导和鼓励具有资本实力的优势企业在高铁沿线节点城市加强战略性布点，借助捷运系统拓展市场空间。

二是谋划以"经济飞地"方式实现非地域经济增长。借鉴上海及广州"产业转移园"的经验，积极谋划建立区外或腹地的"经济飞地"，运用市场手段，充分依托资金、人才、项目、信息优势，以优势要素与土地资源充沛的地区建立经济开发利益共同体。双方可以对在外区建成的工业园区进行新的股权组合和运作方式设计，外区提供配套成熟的工业园区，广州则可利用商务平台优势和产业高度化优势，对园区实施新的包装和定位，园区可由一方承包运作，园区税收存量依然为外区所有，新的增量则由双方分成；也可由双方各携优势，联袂运作，从园区获得的财力由双方分享。

三是拓展以广州为核心的跨区域产业链。中心城市拓展腹地一般包含两个方面：一是扩大范围；二是加强与腹地经济联系的密切程度。构建交通网络仅仅从形式上扩大了腹地范围，而强化中心——腹地的经济联系，开展更深层次的产业链跨区协作，腹地支撑力才能充分体现出来。广州是华南地区最大的中心城市，围绕一些带动力较强的支柱产业，广州要积极引导将周边区域的产业活动有机纳入其支柱产业的生产链条中。目前，广州与珠三角在汽车产业上形成了一定的区域协作关系。今后，着眼于进一步强化总部控制功能，广州应进一步拓宽跨区域产业协作的领域和范围，从现实考察，可以进一步考虑围绕石化、造船、金融、批发等主导产业，利用腹地综合要素成本相对低廉的优势，积极引导与腹地就上游炼油与下游精细化工、船体总装集成、研发设计与船舶零部件加工制造及分体组装、金融前台与后台业务、专业市场的展示交易、物流配送与供应基地等环节展开进一步的跨区域协作。

四是进一步强化珠三角腹地内的区域整合。珠三角是广州的直接腹地，广州要发挥强大的辐射力，必须立足于构建坚实的内核——珠三角都市圈，而这需要进一步的区域优化与整合。首先，应进一步扩充广州的行政区域版图，以缓解广州产业用地之不足；其次，继续推进广州与珠三角的"同城化"，实施"同城化"发展，虽各市不属一个行政区域，但在功能上趋于协同与互补，这有利于放大中心城市的某些枢纽功能，如广州的铁路、港口、机场等就会变成全珠三角的交通枢纽，这实际上就提升了广州的实力；最后，就是要重视研究如何发挥双城效应的问题，深化穗港、穗深的合作，不能只看到它们之间竞争性的一面，还要研究谋划如何扩大穗、港、深合作共赢的问题。

（四）补"缺"：顺应"第三次工业革命"，重振制造业雄风

当前，发达国家普遍在"制造业回归"，而以制造业为本的国家大多表现稳健"抢眼"，如德国、新加坡。世界正步入"第三次工业革命"，所谓"第三次工业革命"，是以数字化设计制造技术、互联网技术和再生性能源技术的重大创新与融合，导致工业、产业乃至全社会层面发生重大变革。广州应准确把握第三次工业革命的特征，深化工业化进程，强化制造业地位，树立"工业赚钱稳、新兴产业赚钱多"的理念，走"实业兴邦、工业强市"的发展之路，全力推动工业向高端化、高质化、高新化演进。

一是谋求集聚效应，推动园区工业集群化。目前，广州已逐渐完成了工业园区化，但还远没有实现园区工业集群化，即形成以龙头企业带动、产业链上下游企业协同配合、互为价值链、具备较大规模和专业特色的园区或基地还寥寥无几，产业集聚效应还远没有发挥出来。广州应以花都汽车产业基地为示范，积极引导大型专业型工业基地或园区推进产业集群化，大力引进上下游配套厂商和相关生产者服务业集聚，以形成健康发展的态势。

二是顺应第三次工业革命，全力扶持战略新兴产业。第三次工业革命以新的信息智能技术广泛应用为标志、以新能源装备制造为主要内容、以新的工业生产方式为主要特征，其标志性产业就是新能源、网络经济和智能产业。为此，广州要深入理解第三次工业革命的实质，主动进行战略性布局，积极扶持和引进具有新工业革命特征的主导产业。要突出抓好网络经济，扶持相关龙头企业上市做大；积极介入新能源领域的投资，选好具有广州特色的优势品种重点突破；重点扶持智能装备技术的开发，同时，支持智能化生产技术在传统产业中的大规模普及应用。此外，广州更要就可再生能源与互联网技术的产业融合——能源互联网体系开展战略性研究和投资。

三是顺应沿海产业升级趋势，全力振兴装备制造业。国际金融危机之后，浙江、福建及我省珠三角地区的传统轻纺加工业已失去了竞争力，从而先后步入产业升级行动中，而这种升级所需的各种重大装备大多依赖进口，国内也只有上海、南京、大连等几个中心城市可以部分替代性生产。近年来，我国各类装备进口的市场、国际上发展中国家的装备市场逆势增长，年均增长在15%以上，这

块"大蛋糕"基本上被发达国家所垄断。广州作为珠三角的龙头,必须在提供高端制造或工业"母机"上有所作为,这既是广州的比较优势所在,也是自身产业结构升级的必然方向。装备制造业是个庞大领域,根据产业基础和未来市场趋势,建议我市重点选择在环保装备、轨道交通、航空航天、智能制造等几个领域形成区域优势。

四是高度重视大项目的引进。抓大项目就是抓转型、抓发展。从实践看,工业大项目的意义不在于项目本身,而主要在于项目背后巨大的产业链带动效应,这是后发地区实现跨越式发展的有效途径。广州要吸取以往的教训,切实善待大项目,实施大项目投资的"绿色通道",要积极与跨国公司和央企进行互动交流和投资对接,做好项目储备。

(五)培"源":通过实施功能布局规划打造新的区域增长极

广州的城市空间骨架基本拉开,但城市单中心结构的格局没有根本性改变,中心都会区占全市总面积仅为18%,但GDP却占到全市的70%左右,空间实力格局很不平衡。2013年,广州开始实施"123"功能布局规划,致力于打造2个新城区,3个副中心,实际上就是5个副中心,通过在5个副中心"强功能、长肌肉",培植新的增长极和动力源,显著提升郊区发展实力,从而推动广州城市综合能级实现新的重大跨越。在功能布局规划实施过程中,广州需注意以下几点。

一是注意引导副中心的差异化发展。着力凸显各副中心的主导功能特色。从国际大都市的经验看,副中心往往不止一个,而这些围绕主中心的副中心只有形成各具特色的发展格局,才有利于副中心的健康发展,避免恶性竞争带来的低效率。

二是大力推动都会区人口向副中心疏解转移。副中心要真正壮大,仅仅通过推进当地人口城市化和吸收外来低端打工者落户,难以对副中心形成较强的消费支撑力,副中心的壮大要与郊区化运动相结合。广州应借鉴东京等建设副中心新城的经验,实施综合性扶持政策:一方面,通过限制在中心区新建扩建工厂、医院和教育设施、对私家车征收交通拥堵费、提高停车费标准以及对市内企业开征"拥挤费"等措施,控制中心区就业和人口的进一步集中;另一方面,通过实施交通补助、大规模建设郊区公共房屋、加大对副中心公共服务的转移支付等政策,以鼓励和吸引中心城区人口到副中心居住创业。

三是优化工业布局,增强副中心的核心驱动力。基于土地资源的相对优势,副中心一般应以工业为主导，但必须侧重于高科技、高加工度的"环境友好型"产业。此外，要注重土地的集约节约利用，严格招商选资，提高准入标准，要以单位土地的投资密度、产出密度、创税密度以及污染排放强度等作为工业园区的约束性指标，提高土地利用率和产业发展质量。

四是规划建好副中心的 CBD。CBD 不仅代表城市形象，也是高端功能集聚的中心，是总部经济的主要基地。CBD 能够吸引许多高能机构包括金融机构、企业总部及公共服务机构等入驻，从而带来高端要素的集聚和经济能量的辐射，也带来较多税收和投资性机会，是壮大副中心的有效途径。

近年来，世界 CBD 出现了向 CAD（中央活动区）演化的趋势，CAD 增加了旅游、休闲、文化、教育等多元功能，增加了公共活动交流空间，注重与生态休闲景点相结合，并注入了更多的历史文化元素，这种趋势值得广州关注和借鉴。

课题组成员： 张　强　周晓津　阮晓波

中长期战略视野下广州保持"第三城"地位的研究

一、广州经济"第三城"地位岌岌可危

作为国内公认的一线城市,广州作为中国"第三城"的地位已保持了20余年之久,其背后的主要支撑就是其雄厚的经济实力。然而,进入"十二五"之后,广州的经济地位却受到了空前未有的挑战。10多年前,广州以其出色的经济表现赢得了"北上广"这一城市地位,当时能够"叫板"广州的仅有深圳市,而其他"追兵"在经济总量上仅为广州的60%~70%,还远不能动摇广州的经济地位。然而,10年之后,不仅深圳进一步缩小了与广州的经济实力差距,其他"追兵"也大大缩小了与广州在GDP规模上的差距,经济总量均达到了广州的90%左右,从而形成了对广州的群体性赶超之势。(见下图)

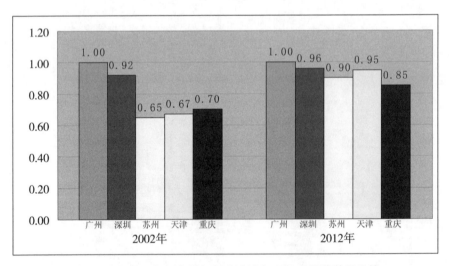

图 2002—2012年间广州与各追兵城市GDP差距倍数的比较

广州被"追兵"赶超的情形可以从短期和中长期两个层面加以分析。

从短期看，对广州"第三城"地位构成最大现实挑战的无疑是天津。天津与重庆同为后发追赶型城市，得益于国家政策的强力支持，近期在崛起势头上大大超过了深圳、广州等先发城市。尤其是作为中国经济第三极代表的天津，具备了全面超越广州的条件和潜力。10年前，天津的经济总量还不到广州的70%，而到2012年则已逼近到广州的95%，依目前的势头，近两年超过广州的可能性非常大。天津在支撑经济成长的一些关键性指标上均出现了大幅超越广州的势头。（见表1）

表1 广州与天津主要经济指标的比较（2012年）

城市 指标	天津	广州	天津为广州的倍数
城市GDP（亿元）	12885	13501	0.95
财政一般预算收入（亿元）	1760	1102	1.60
固定资产投资额（亿元）	8871	3758	2.36
外贸进出口总额（亿元）	1156	1171	0.99
实际引进外资额（亿元）	150	45	3.33
社会消费品零售总额（亿元）	3921	5977	0.66
金融增加值占（亿元）	959	955	1.00

从表1可以看出，目前，广州仅在社会消费品零售总额这唯一指标上还保持着领先天津的态势，而在外贸进出口总额和金融规模上已被天津快速赶上，在其他几项攸关城市发展潜力的重要指标上，天津已超过广州数倍之多，如作为经济提速的主动力，天津固定资产投资规模已达广州2.4倍，此外，年实际利用外资超过广州的3倍，地方可支配财力也是广州的1.6倍之多，较多的可控资源奠定了天津高增长的基础。作为现代经济的核心，天津金融产业也首次超过了服务经济较发达的广州，显示出产业高端化的良好态势。

从中长期看，广州"第三城"地位面临的最大对手却是以质量和效率见长的深圳。全球著名咨询公司麦肯锡在近期"国际城市创新发展大会"上发布了"全球城市600"的研究成果，该报告从GDP、人均GDP、GDP增速、总人口、家庭总数、企业实力等指标对2025年全球前25大城市作出预测，结果显示，到

2025年，深圳GDP将赶超广州和香港，仅次于上海和北京，能排名全球第11名，中国第3名，从而跻身于全球城市25强之列。这背后的最大资本就是全球进入第三次工业革命背景下深圳所拥有的超强创新能力。尽管与大多数沿海城市一样，深圳也越过了其工业化高峰期，经济增速明显趋缓，但深圳这几年在转型升级上的成效斐然，已率先形成创新驱动发展模式，故其能在更紧缺土地资源和更小投资强度之下，取得了与广州、苏州同等的增速水平，因此，其未来可持续增长潜力不容小觑。

总之，对广州而言，传统"追兵"的竞争压力尚未完全消除，新的强势对手又兵临城下，形成群体性赶超之势，广州作为中国"第三城"的地位已岌岌可危！

二、广州面临被"追兵"赶超局面的原因分析

近几年，广州为什么会面临被"追兵"城市赶超的窘迫局面？据我们分析，主要有以下几方面原因：

（一）投资驱动力不足

投资、消费、出口是经济增长的三大"引擎"，在世界经济增长趋缓的背景下，国内各城市事实上都面临着几乎相同的出口形势和消费变量，而唯独在投资方面表现迥异，这构成了各主要"追兵"高速增长的主要驱动力。"十五"以来，广州固定资产投资总额和增速仅高于深圳，而大大低于其他"追兵"，且差距越拉越大。10年前，广州固定资产投资规模还高于所有"追兵"城市，但10年后的2012年，广州固定资产投资额无论在规模还是增速上均大幅落后天津、渝、苏（详见表2）。在利用外资方面，近些年苏、津、渝等实际利用外资已先后突破100亿美元大关，而广州还长期徘徊在30亿～40亿美元的水平上，投资吸引力弱可见一斑。而投资驱动力同样较弱的深圳，尽管投资规模低于广州，但由于其全新体制而早已形成了创新驱动的发展模式，经济增速在投资趋弱的背景下并不逊色多少，表现出良好的转型效果和很高的增长质量。而广州在科技创新上相对薄弱，还远未形成对经济增长的主导型推动力。由此，在投资已显著弱化而创新还一时难以弥补动力不足的情况下，广州在经济上自然面临着被"追兵"赶超的被动局面。

表2 广州与主要"追兵"固定资产投资规模的历史变化

年份	广州	天津	重庆	深圳	苏州
2000	923.7	608.8	655.8	619.7	516.4
2001	978.2	705.1	801.8	686.4	564.9
2002	1009.2	811.3	995.7	788.1	812.8
2003	1175.2	1046.7	1269.4	949.1	1408.9
2004	1348.9	1259.0	1621.9	1092.6	1554.8
2005	1519.2	1516.8	2006.3	1181.2	1870.1
2006	1696.4	1849.8	2451.8	1273.7	2107.0
2007	1863.3	2388.6	3161.5	1345.0	2366.4
2008	2105.5	3404.1	4045.6	1467.6	2611.2
2009	2659.9	5006.3	5317.9	1709.2	2967.3
2010	3263.6	6511.4	6934.8	1940.4	3617.8
2011	3413.6	7510.7	7685.9	2136.4	4502.0
2012	3741.3	9253.1	9380.0	2314.4	5266.0

(二) 工业化过程不充分

从劳动密集型的轻纺工业到资本技术密集型的重化工业，再到知识密集型的现代服务经济，是工业化的必然趋势。其中，工业重型化尤为关键，在发达国家当中，美国、德国、日本相对于英国、西班牙、意大利等国更具实力，主要是因为前者拥有更多的重化工业，特别是具有高加工度特征的装备制造业。同为亚洲"四小龙"之一，20世纪八九十年代，香港无论经济总量还是人均GDP还远胜于新加坡，但现在总量已被后者所超越，人均GDP更被远远抛在了后面，究其原因，则是新加坡工业化较完整，不断推动了工业结构的持续升级，一直持有相当比重的重化工业，而香港则因向珠三角产业转移而影响了产业升级的机会。反观广州，自20世纪80年代借助外资从服装等轻纺工业起步，到2000年后开始大力推进以汽车、石化、钢铁、造船为代表的重化工业，但受民意和资源环境约束的影响，重化工业进程仅仅在七八年后就受阻甚至被人为压缩，以放弃中科石化项目和取消南沙重化工基地定位为标志，广州重化工业的扩张受到较大影响。

从现实看，广州工业化进程还远未完成，内生发展能力还比较脆弱，汽车等核心技术仍高度依赖外资，高新技术产业也多处于产业链低端，因此，工业结构升级的潜力还相当巨大。由于工业主要创造"剩余"，并与投资相关联，而服务业主要吸收"剩余"，因此，工业化过程不充分，大大削弱了广州投资后劲和快速做大做强经济"蛋糕"的能力。

（三）国家政策支持力度弱

从历史经验看，国家特定的政策支持对一个城市的地位变化具有重大影响，那些受到国家战略支持及重大政策试验聚焦的城市，将会得到更多的发展资源和机会，获得超常规发展，从而迅速提升城市实力。天津、重庆、深圳、苏州四大"追兵"城市在经济上形成赶超广州的势头，这里有自身努力的主观因素，但更重要的是来自外部的推动力——国家政策的强力支持。首先，从体制权限看，天津本来就是直辖市，深圳是经济特区，重庆是国家新授予的直辖市，它们拥有许多独立的经济决策和管理权限，地方财政留成比例也较高，可运筹的资源和财力较多，而广州、苏州在这方面劣势明显。其次，从政策扶持力度看，天津的高速崛起主要得益于国家批准成立滨海新区，并同时赋予新区在十个方面的综合改革实验权，包括给予天津"中国金融改革创新试点区"这样一项含金量极高的优惠政策；重庆的突然"爆发"也得益于国家区域战略的大转移，是中央直辖市政策、老工业基地改造政策、库区移民政策、西部大开发政策、城乡统筹改革试验等多种政策效应叠加的结果；而苏州的持续高速发展得益于其高质量的增长引擎——苏州工业园，这是中国与新加坡政府间经济合作的一个重大项目；深圳的飞速崛起与国家设立经济特区、实施特殊政策密切相关；同时，国家先后批准在深圳设置"深交所"、"高交会"、"文交会"等一系列战略性高端平台；近期，国务院又批准深圳设立前海开发区，拟在前海实行比经济特区更加特殊的政策。与这些"追兵"相比，广州获得国家层面的政策支持明显偏少，近期，尽管国家也批复广州成立南沙新区，将其上升为国家战略，但这一平台获批时间较晚，更为关键的是，国家几乎没有赋予任何实质性政策配套及来自中央大项目的投入。

（四）忽视对战略性高端资源的争夺

现代城市之间的竞争，从根本上讲就是外部资源的竞争，而对广州、天津等这样的大都市而言，则主要体现为对战略性高端资源的争夺，从现实看，与四大

"追兵"相比,广州在争取战略性高端资源方面显得很不够,这里固然有国家战略的因素,但更重要的还是自身主观努力不够。首先,对央企投资的争取力度不够。过去相当长一段时期内,广州在争取央企投资方面工作力度不够,从而导致一些富有战略价值的新兴产业项目(如航空航天、环保、新能源等)极少落户广州,而在这方面,天津、重庆成为最大的受益者,来自央企的巨额投资成为滨海新区、两江新区开发的最大驱动力。其次,是对生产力骨干大项目的引进重视不够。大项目的意义不在于项目本身,而在于项目背后巨大的产业链效应,如天津、重庆的大石化、大飞机、大造船、亚洲笔记本基地等大项目,投资动辄几十亿美元,而产业链更长,对当地经济拉动效应十分显著。与其形成鲜明对比的是,广州除汽车之外,近年来在引进大项目方面可谓乏善可陈。再次,是对金融资源的争取力度不够。目前,国家在战略上重点布局的是上海、北京、深圳三大金融中心,广州不能与之争锋,但从国内其他城市的行动看,在争取金融资源方面可谓不遗余力,如天津获批国家金融改革创新实验区,成为全国规模最大的股权投资基金集聚地,温州获得金融综合改革试点,成为全国民间金融试点基地,重庆、杭州也先后获批多个金融交易平台,使其金融产业规模直逼广州。相比之下,广州迄今所争取到的金融资源成果非常有限。最后,是对总部经济的争夺力度不够。目前,国内许多城市甚至开始到广州来争取总部迁移,广州也一度丧失或放任一批名企总部如广发证券等迁往他地发展,由此导致广州在总部经济方面的综合实力近期已被深圳所超越[①]。

(五)经济成熟度较高,低成本优势更快丧失

从国际实证经验看,现代经济发展存在着一个基本规律,也就是当一个经济体达到相对成熟的所谓"高收入国家水平"后,经济增长速度通常会下降、会放慢。比如,日本在1971年、台湾在1988年、韩国在1992年之后,经济增长速度都下降到7%以下,此时它们人均GDP都达到了1万美元这样的高收入水平上,而在此之前,它们都在8%以上的增长速度维持了相当长的时间。经济增速在进入高收入阶段放慢,是经济变得成熟的标志,此时,人口红利趋于消失,基础设施趋于完善,资源趋于紧张,环境约束加大,要素价格剧升,资本边际回报率下降,这是经济增速趋于下降的根本原因。这一基本经济规律在我国的一些发达地区也得到了有效验证,考虑到美元贬值和通货膨胀因素,目前我国的上海、

---

① 中国总部经济研究中心:《2012年中国35个主要城市总部经济发展能力排行榜》。

北京、深圳、广州等一线城市已步入世界银行界定的高收入国家的起点上，服务经济开始形成，以土地、房价、工资为代表的要素价格大幅上涨，基础设施已较为完善，空间资源高度紧缺，资本边际回报率明显下降，投资驱动力普遍弱化，由此导致经济增速的放慢。与此相反，天津、重庆等尚处于工业化高峰期，人均收入水平相对较低，基础设施还很不完备，土地资源相对充沛，地价、房价及劳动力价格还相对低廉，存在着低成本扩张的较大潜力，加之国家政策的强力支持，其经济自然出现了加速发展的态势。

三、如何正确认识"广州保持中国第三城地位"

合理实施广州"保三"战略，首先必须正确理解"保三"的实质内涵、意义及其战略上的指导理念，为此，我们应着重把握和树立以下几点认识：

（一）一个城市的地位归根结底是由经济实力决定的，因此广州"保三"很大程度上应以经济"保三"为核心

进入20世纪90年代以来，广州的城市地位迅速上升，逐步与北京、上海形成鼎足而立的格局，确立了作为中国"第三城"的地位：如以拥有外交机构、外国人规模而成为我国三大国际交往中心之一，以拥有"广交会"而成为中国三大"会展之都"，以拥有国际机场而成为中国三大国际交通枢纽之一，以配置高等级通信网络节点而成为中国三大电信枢纽和互联网接口城市之一，在主办重大国际文体活动上，北京举办奥运会，上海承办世博会，广州则承办亚运会。可见，广州已是名副其实的中国"第三城"，也是全国三大经济圈的龙头城市，这种城市地位的形成，背后固然有历史的因素，也有区位的因素，但从根本上看则是经济因素决定的，特别是与广州长期以来形成的全国城市GDP排名老三的地位是密不可分的。目前，广州所谓中国"第三城"地位将不保或出现动摇，实质上也主要是指GDP面临被几个"追兵"赶超的危险状况。因此，广州保持中国"第三城"地位在很大程度上必须以经济"保三"为核心。

（二）广州实施"保三"，短期内可优先注重经济策略，但中长期应着眼于综合实力的提升

如前所述，一个城市的地位主要是由其经济实力决定和支撑的，但这不代表在实施"保位"的战略上，就单方面地优先推动经济增长，加大经济领域投入，

而忽视其他领域的投入与发展。从中长期视野看，一个城市的持续繁荣乃至最终在城际竞争中胜出，还得靠城市在各领域、各层面的平衡协调发展，也就是依赖于城市综合实力的整体提升。作为一个有机系统，城市的经济发展与社会、文化、环境、制度等领域发展是紧密关联、互为依存的，这些领域发展滞后，就会形成瓶颈效应，反过来制约经济的潜力，甚至使经济陷入长期的停滞，拉美及部分东南亚国家即是典型例子。所谓"欲速则不达"，过分追求经济增长而忽视其他领域的协调发展，即使一时保住了GDP上的排名，日后也会因综合实力不济或结构失衡而失去增长动力。因此，面对当前经济下滑的态势及被"追兵"赶超的危险，广州欲保持"第三城"地位，在短期内可实施部分应急措施，以缓解经济下滑的燃眉之急，但从中长期看，还是应以综合实力的全面提升为主轴，以经济、社会、环境的三维平衡发展为导引，既要致力于直接做大GDP，也要致力于改善有利于GDP可持续做大的环境条件，通过"硬实力+软实力"的有机配合，吸引关键性高端资源，不断开拓经济发展的新空间。毕竟，只有综合实力上去了，才能确保经济上的可持续发展和实现可持续性"保三"。

（三）广州实施"保三"必须在科学发展、转型升级的路径之下去争取

广州已进入"服务经济"发展阶段，而作为"追兵"的天津、重庆乃至苏州还处于工业经济时代，其在发展模式上主要表现为以土地资源为支撑、重化工业为主导、大规模投资为主驱动力的粗放式发展特征。经过国际金融危机的洗礼后，广州事实上各方面已进入转型升级的轨道中。在这种情况下，为应对"追兵"的挑战，广州再沿袭过去那种"拼资源、拼工业、拼投资"的粗放发展模式，显然是悖离其优势禀赋的，也是极为不明智的。广州是要力保经济"老三"的地位，但这必须是在符合经济规律、发挥比较优势的基础上去达成，必须是在坚持"科学发展、转型升级"的路径下去争取。面对"追兵"的群体式崛起，广州要克服急功近利的思想，切忌去争一城一地之得失，应抱着"风物长宜放眼量"的从容心态，充分运用自己的比较优势去谋划发展。在全球逐步进入智慧资本时代背景下，广州应逐步由粗放式增长全面转向"拼服务、拼智慧、拼知识"的集约型发展，在与"追兵"的比较和竞争中，不应单单地去比城市规模、经济总量，更要比人均水平、经济效率、发展方式、高端要素、民生关怀和制度文明；不仅仅比城市自身实力的提升，更要去比对周边地区的辐射带动贡献；不仅仅比那种争取国家特惠政策而实现城市崛起的路径，更要比在市场条件

下如何发展壮大自己的模式,要比如何运用市场力量更好地推动城市的可持续发展。

(四) 广州实施"保三"必须首先准确把握对手城市的发展优势与特点

当前,广州主要是与深圳、苏州、天津、重庆等主要"追兵"城市争夺中国第三城地位,因此,在制定合理有效的"保三"策略之前,必须准确把握竞争对手的发展特点与优劣势。

作为最老牌的竞争对手,深圳与广州同处于一个发展阶段上,在几大"追兵"当中,深圳当前的经济增速最为疲软,但其未来超越广州的潜力却最大,这不仅因为深圳在发展方式上领先于全国——率先形成了创新驱动发展模式,而且其产业结构层次也是最高——高新技术产业占据了主体地位,第二、三次产业发展也较为平衡,如此先进的方式和结构,使深圳基本实现对能源的消耗达到全国最低,而自主创新的程度全国最高,由于知识、技术资源的无限性,这意味着深圳的未来在较大程度上突破了硬资源的约束,具备了广阔而可持续的伸展空间。此外,与一般中心城市相比,深圳还享有国家政策支持的特殊优势——不仅在国家计划中实行单列,并被赋予了相当于省一级的经济管理权限,使其自主调控的资源相对丰裕。目前,深圳不仅有 GDP 优势,更在高新技术产业、金融、总部经济、品牌实力等凸显转型升级的方面表现突出甚至独步天下。

苏州是一个几乎与深圳同步崛起的经济"明星",在发展方式上也十分注重经济增长与生态环境的协调。从表面上看,苏州在 GDP、工业、外贸等方面与深圳大致相当,面临的资源环境约束也差不多,但其未来发展潜力仍受到三大明显的制约:一是国家政策支持力不足,这一点与广州差不多,苏州迄今仍只是一个地级市规格,缺乏深圳、天津、重庆那样的特殊体制优势。二是产业结构层次偏低。苏州人均 GDP 已达 1.8 万美元,甚至超过了国内一线城市的水平,但其产业结构仍呈现较单一的工业主导的发展特征,第二产业比重仍高达近 60%,而服务业欠发达,在金融、总部经济等体现影响力的指标方面远不及深圳和广州。三是创新质量不高,苏州和深圳虽然都是全国创新发展的"排头兵",但深圳已涌现出一批根植于本土的国际级创新龙头,如华为、中兴通讯、腾讯等,而苏州的经济龙头基本上仍是"舶来品",大多局限于外资巨头主导下的低水平创新。

天津的崛起稍晚于深圳、苏州一个阶段。作为老工业基地,天津经过多年缓慢调整、改造后而厚积薄发,终于在"十一五"之后抓住中国重化工业加速和国家战略大转移两大战略性机遇,才开始驶入"快车道"的。现阶段,天津主要凭借三大优势加速发展:一是低成本要素优势,无论在地价、房价、人工还是商务成本方面,天津还明显低于沿海发达城市;二是重化工业优势,得益于北京城市功能的调整及央企的巨额投资,天津逐步确立了国家重化工业基地的主导地位;三是国家政策支持优势,这种支持力度在过去几年是空前的。从总体上看,与广州、深圳等已处于服务、知识、技术密集发展阶段相比,天津还处于工业化高峰期,具有典型的"重化工业主导—投资驱动"的发展特征,加上良好的区位条件以及国家政策上的强力支持,天津的加速崛起就不足为怪了。

重庆的发展历程及崛起点与天津极为相似。然而,与天津相比,重庆的区位条件相对较差,缺乏海港优势,由于深处内陆,在产业承接层次上也明显低于天津。但重庆之所以也能在近期崛起,并形成与天津并驾起飞之势,首要因素还是国家政策的强力支持,可以说,重庆的高速发展,基本是中央直辖市政策、老工业基地改造政策、库区移民区政策、西部大开发政策、城乡统筹改革政策等多种政策效应叠加的结果。其次,重庆也同样具有低成本要素优势,其各种要素价格及商务成本不仅远低于国内一线城市,也明显低于后起的天津。最后,高速城市化阶段所引致的巨大的投资潜力,重庆尚处于发展初期,城市规模与辖区面积较大,城市化程度较低,大量基础设施和发展平台远未完善,战略性主导产业也远未配套成熟,因此,整个城市尚处于大规模投资驱动发展的时期,近年来其年均固定资产投资规模不仅居全国城市之首,甚至还略高于天津,这种规模经济与后发优势是其他"追兵"难以比拟的。

以上我们对天津、重庆、深圳、苏州四大"追兵"城市的发展特点及其优劣势进行了分析、比较和梳理,从总体上看,深圳、苏州的发展较天津、重庆要早一个阶段,但后两市能量较大,潜力更大一些。然而,需要看到的是,与深圳、苏州已处于"创新驱动—技术密集"阶段有所不同,天津、重庆还处于"投资驱动—重化工主导"的发展阶段上,目前主要依赖土地、政策等基础性要素,粗放型发展特征明显,与深圳、苏州相比,津、渝两市在经济效率、科技创新、环境保护、资源利用、民生幸福等方面,显然还存在不小差距;此外,与深圳、苏州等相比,天津、重庆与所属经济腹地之间的经济联系度及一体化水平还比较低,对周边地区的辐射带动力还较弱,存在所谓"孤岛型"现代化现象,这必然也会制约一部分未来发展的潜力。

四、中长期战略视野下广州保持"第三城"地位的对策思考

城市之间的竞争就像国家之间的竞争一样,既要遵循经济社会发展的一般规律,也要根据SWOT状况施以灵活的竞争策略,将经济、社会、文化、环境乃至政治因素等予以有机整合,使之服务于城市的竞争战略。面对"追兵"的强势赶超,广州要力保中国"第三城"地位,就必须因势利导,扬长避短,要注意城市所处发展阶段的差异与特征,要准确把握对手的竞争优势与不足,要充分利用外部的潜在机会与资源,要注重竞争策略上的"长短结合"与"软硬兼施",通过全方位的创新战略推动与实现广州的"二次崛起"。具体来说,广州"保三"可考虑实施以下途径与策略。

(一)实施"多元化"战略,以综合发展优势应对"追兵"相对专业化挑战

从中长期看,一个城市的可持续发展依赖于产业的持续繁荣,而产业的繁荣又取决于产业的有机构成,世界范围内的实践表明,经济结构多元化往往是城市长盛不衰的活力之源,是城市能够笑到最后的关键因素。无论是新加坡与香港,还是芝加哥与底特律,抑或是东京之于纽约、伦敦,这些曾经同时代、同体量级崛起的大都市,最终在综合经济实力的长期竞争中,前者都明显超越了或甚至远胜于后者,其根本原因就是前者多年来均保持了更为多元、综合性的产业体系,而后者在产业结构上则相对单一,其中最典型的是芝加哥与底特律,二者都曾是战后的工业名城,但芝加哥通过及时推动经济多元化而逐渐摆脱衰退,而底特律由于经济转型缓慢,高度依赖单一的汽车产业而陷入长期的衰退中,近期甚至还导致了城市的破产。底特律的破产表明,产业的繁荣,才能带来城市的持续繁荣,并在长期的竞争中胜出,而产业单一的城市容易衰落。与天津、苏州等相对专业性城市相比,广州的显著优势就是城市功能更加齐全、产业结构更加平衡多元。事实上,在过去的历史中,广州已形成了门类齐全的工商业产业体系——传统产业与高新技术产业、工业制造业与大都市服务业、轻纺工业与重化工业、生活性服务业与生产性服务业等。这种综合性产业体系一直支撑着广州经济的稳定持续发展,这就是国家一直并没有在广州布局多少大型项目,广州也没有多少在国家层面上能拿得出手的战略性产业,而多年来广州却一直能保持中国经济"老三"地位的关键原因。因此,在未来应对"追兵"赶超的过程中,广州应发

挥功能齐全的优势，致力于构建综合性、多元化的产业体系，从短期看，也许相对单一的专业性城市能够享有更高的增速，从而使得城市在一定时期内突飞猛进，但从中长期看，一个综合、多元、有机、平衡的产业体系将更具有持久的生命力。

需要强调指出的是，构建综合性产业体系，并不意味着就是"一刀切"地推动各类产业齐头并进，而应在综合产业体系的基础上重点扶持若干具有技术领先地位和较强带动作用的战略主导产业。也就是说，广州应该建立"综合+主导"型的现代产业体系，在综合产业体系的基础上培育若干战略主导产业，这不仅体现国家中心城市的功能，也有助于处理好产业效率与可持续发展的关系。

（二）实施"高端化"战略，以打造产业"升级版"提升广州新一轮竞争力

在天津、深圳、重庆、苏州四大"追兵"城市中，深圳依托创新驱动，已形成高新技术产业、金融等为主导的较高层次的产业结构和先进的发展方式，而其他"追兵"尚处于典型的工业化阶段，主要依赖丰裕的土地、大规模投资以及初级重化工业的传统路径模式而发展。相比之下，广州与"追兵"竞争，根据其资源状况和发展阶段，就不能再沿袭"拼资源、拼投资、拼工业"的传统发展路径，而必须实施"高端化"战略，致力于通过打造经济"升级版"来创造并赢得新一轮竞争的先机。

一是打造主导产业"升级版"。随着全球进入后危机时代，无论从美国的页岩气开发、欧洲的环保节能，还是日本的智能化生产，"第三次工业革命"已初显端倪。广州在主导产业方面也应加快调整。一方面，在新兴产业方面，应超前布局和重点扶持环保节能与新能源、新一代网络经济（移动互联网、物联网、3D打印、4G、手游、智慧城市、云计算等）、智能化制造等三大体现新工业革命特质的战略产业。此外，顺应航空时代的逐步开启，还应考虑在航空产业上占领一席之地，虽然我们缺乏这方面的历史基础，但好在当今时代高端要素可自由流动，这类产业的链条也很长，我们完全可通过适当的策划、移植而发展起来。另一方面，在支柱产业上，在原来确定的四大产业的基础上，广州也需要考虑规划、调整、补充新的产业内容，使支柱产业的范围进一步扩大，产业链深度进一步加深拉长。

二是打造产业园区"升级版"。都市中的产业载体主要包括工业园区、科技园区、专业市场等类型，下一步，广州就是要推动这些载体由初级阶段模式向高

级阶段模式升级。其中，工业园区在国内已经历了三代，今后广州要以国家级开发区为标准，积极引导其他园区由第二代为主，向现代服务业密集投入、功能完善、产城融合的第三代园区转型；科技园区从世界范围看也经历了三代，即在大学、科研院所周边自发形成，旨在加快科研成果技术转移的第一代园区，以及经过主动规划、突出创新孵化、强调科技与产业紧密结合的第二代园区，目前正向基于知识生态理念、以创造力为核心、强调社区和城市融合、突出网络创新的第三代新园区演化升级，应密切关注，积极跟进；专业市场是广州的一大特色，目前国内专业市场已经历了四代，即从"大车小车"—"大包小包"—"展贸结合"—"电子商务"，现正向集国际采购、商品展示、电子商务、物流配送、信息服务、金融结算于一体，拥有独特商圈文化，并配套一定旅游购物功能的第五代转型，广州以专业市场见长，但总体发展参差不齐，这方面的提升空间很大。

三是打造企业素质"升级版"。从国内外的实践看，经济界日益达成这样的共识，即：与其大谈产业升级，不如更多聚力于企业升级，从全球视野看，没有夕阳的产业，只有落后的技术，而落后技术的背后其实是落后的企业。因此，广州今后产业"升级版"的重点还是要集中在企业质量的提升上。针对广州在企业发展上"小散弱乱"、"缺大偏小"的状况，未来我们应从三个方面加以突破：其一是真正落实扶持总部经济和民营经济发展的政策，加快培育"航母型"大企业；其二是合理分配科技研发资源，加快形成以企业为主体、为主导的科技研发体系，提高企业的自主创造力；其三是培育众多围绕大企业实施协作配套、在所在行业具有领袖或龙头地位的专、精、特、优小企业。

四是打造产品质量"升级版"。过去，人们普遍认为产业由规模扩张向质量效益转型，就是要改变产业结构，就是要提高汽车、船舶、机电、电子信息、光伏等新兴产业的比重。而现在，越来越多的实践表明，产品质量升级比产业结构转换更有意义，世界上没有绝对的低端产业或高端产业，只有产品质量的差异而且这种差异对市场竞争更为重要，我们与发达国家的差距主要体现在产品质量的稳定性不足、产品附加值不高、质量较差，这造成我们在国际竞争中处于不利地位。因此，广州未来产业升级工作的一个重点就是如何促进产品质量的升级。从实际看，广州工业结构中传统产业仍占主体地位，重化工业比重不高，轻纺工业虽然相对发达，但大多缺乏自主品牌和自有核心技术。因此，广州提升产品质量仍有较大的市场空间。未来，通过实施质量升级战略，要促使"广货"成为中国优质名牌产品的代名词，而非"山寨"品的同义语。

(三）实施"拓远"战略，以抢先袭夺远程腹地来提高广州对外辐射力和控制力

一般而言，中心城市在工业化初期或高峰期主要以极化效应为主，而进入工业化后期或后工业化阶段则以发挥扩散效应为主。广州与天津、重庆、深圳、苏州四大"追兵"相比，分别处于不同的发展阶段，四大"追兵"（除深圳外）目前显然仍处于吸聚力最强的阶段，而广州、深圳在区域中的交通枢纽、信息中心、金融控制、总部经济等功能日益突出，已具备更多地发挥扩散效应的条件了。在这种背景下，与四大"追兵"相较量，广州就不能仅仅局限于城市自身资源的集聚与优化，而应眼光向外积极发挥辐射带动的作用，通过最大限度地拓展其腹地，充分利用腹地资源所提供的更多选择，实现更大范围内的资源配置和产业扩张。这一"拓远"的战略思路，不仅仅是体现国家中心城市的辐射带动功能与责任，也是处于成熟阶段的中心城市通过发挥扩散效应壮大自身实力的有效路径，这也使得广州能以区域整体的发展优势，有效地应对"追兵"等单个城市的竞争。

在实施"拓远"战略上，广州面临着一些新的形势、机遇和有利条件，除进一步深化、丰富区域合作的内涵之外，建议应着重抓好以下两个方面：

一是积极谋划拓展"高铁经济"。随着全国捷运系统的不断完善，高铁经济蕴藏着巨大的潜力。广州是高铁时代的先驱，也是未来最大受益者之一，广州应率先探索利用高铁网络拓展其腹地经济的新模式。首先，加快华南高铁网络建设，协助推进贵广高铁、南广高铁建设，积极协调规划由广州到福州、赣南地区等新高铁线路规划，提高广州与周边省（区）的快捷通达能力。其次，借助高铁网络谋划"高铁经济"产业链，充分发挥国家中心城市的功能优势，努力推动高铁相关资源在广州集聚与整合，然后向沿线节点城市进行优势产业或技术输出，积极参与当地高铁商圈、高铁新城、高铁产业园等重大项目建设。最后，发挥区域合作的政策效应，积极拓展广州与广西、湖南、江西等外省区的产业合作，鼓励本地龙头企业实施跨省区产业投资，大力引导和鼓励具有资本实力的优势品牌企业在高铁沿线节点城市进行战略性布点，借助高铁网络拓展市场空间。

二是大力培植具有远程辐射性的新业态。实施"拓远"战略，除构筑对外交通网络外，还必须依赖一批具有远程辐射特征的现代新型产业或业态，使之成为腹地拓展的核心驱动力。为此，广州要利用相对发达的服务创新优势，大力推动商业模式、业态和交易方式创新，着力培植对外辐射力较强的产业或业态。在

这方面，其一的是扶持总部经济，这是"拓远"的一支重要主导性力量；其二是继续引导连锁经营，大力扶持本土品牌企业实行多种形式的连锁经营和跨区布点；其三是努力推动商品市场交易方式创新，重点引入拍卖、招标、期货交易、仓单质押、电子商务、集中委托上市等现代交易方式，恢复开设期货交易所，鼓励发展中远期交易；其四是积极扶持网络商业，鼓励有条件的商品市场、购物中心和连锁超市建设"网上商城"，支持具备条件的大型专业市场向展贸中心乃至更高级的商品交易所转型，大力拓展远程交易。

（四）实施"软实力"战略，注重以制度文明的突破创造投资创业的新生产力

在目前国内城市的竞争中，特别是天津、深圳、重庆、苏州几大"追兵"的崛起，也主要是物质文明的崛起，大多专注于经济硬实力的扩张，其中，除深圳在过去偶有制度上的创新性贡献外，其他城市在软实力特别是制度文明的创新上可谓乏善可陈，而这正是广州未来的突破方向所在！软实力上的重大突破，往往能最大限度地释放硬实力的潜力，并提升硬实力发挥的效率。20世纪八九十年代，广州就曾因其制度改革上的率先突破而创造过经济上的辉煌，一度造成"东南西北中，发财到广州"的局面，也使得城市地位迅速上升。如今，站在新一轮发展的起点上，面对"追兵"的挑战，我们既要注重硬实力的竞争，更要注重软实力的突破，既要注意物质文明的赶超，更要注意制度文明的赶超。未来，广州在单纯的硬实力增长已越来越受限的情况下，必须谋求软实力上的新突破，以改善硬实力成长的环境与条件，形成对"追兵"新的竞争优势。为此，广州应着力抓好两个方面：

一是高度重视扶植"智慧经济"。随着智慧资本时代的来临，发展智慧经济及产业成为必然的选择。在美国，智慧产业被当作除第一、二、三产业之外的第四产业，国际金融危机之后，美国通过智慧产业革命，加速向传统产业渗透，全面提升了制造业效率，重振了制造业雄风。在国内主要城市都还倾向于制造业的组配加工的时候，广州应突破常规的发展路径，深入研究智慧经济的规律，大力扶植智慧产业。针对智慧经济存在的差距和短板，整合智慧资源，优化智慧资本的发育环境，积极推进数据资源完整化、标准化和商业化；实施政府、企业、行业信息化系统的统一规划和统一标准，逐步消除"信息孤岛"；加快制定推动公共数据开放和数据隐私有效保护的制度或政策，全面推动数据资源的开放与共享；强化对智慧经济发展平台的引导，避免这些平台建设沦为变相的房地产开

发；充分发挥官方和民间智库的作用，改变其单一的喉舌功能，鼓励它们提供有价值的智慧产品，助力政府形成"巧实力"的战略思维和决策体系。

二是以改革创造新一轮"制度红利"。目前，全国上下都在期待新一轮大规模改革，广州也曾是体制改革与创新的"排头兵"，并因此获得了巨大的制度红利。今天，我们在被"追兵"赶超的关键时刻，更需要积极抢占制度文明的"制高点"，以创造新生产力和新竞争优势。事实上，面对"追兵"的群体性崛起之势，广州今后比较现实的战略应对是：以制度文明上的重大突破改善投资软环境，营造创业投资"高地"，构建优质、稳定及可预期的软环境，以此吸引高端产业和投资，塑造城市新一轮增长的动力，从而超越"追兵"的低水平竞争。当前，一些关键领域的制度改革固然需要中央的顶层设计，但某些领域中央也需要地方率先去探索。作为国家中心城市，广州在制度文明的建构与突破上具有义不容辞的责任，比如在依法执政、民主执政和廉洁执政上，当前整个国家都亟待破题，也需要地方做出开创性贡献；此外，在法治社会、信用体系、透明监管、分配机制、公平竞争、低碳发展、政府效率等制度层面上，广州也是有基础、有条件去探索的。当广州在这些制度层面上率先突破时，则必然再度成为海内外高端资本和要素的青睐之地。

（五）实施"创新驱动"战略，大力挖掘新经济模式的巨大潜力

创新是推动城市经济发展的动力之源。时下天津、重庆的高速崛起主要是依赖大规模、粗放型投资所驱动的，这方面广州已没有太多潜力，我们必须将眼光转向城市发展的另一大动力——创新驱动上，尽管深圳已远远走在了全国前面，但这确是广州"二次崛起"的必由之路，也是广州应对"追兵"竞争的最有效手段。统计显示，在纽约、伦敦、东京等城市，过半从业人员都集中在高科技、金融和文化创意产业中，而广州的此项数字只有17%左右。广州被国家确定为"创新型城市"，以此为契机，广州应集全市之力，根据自身经济发展的特点，顺应当代都市创新的趋势，从文化、体制、企业、园区等多个层面入手，努力突破创新能力相对薄弱的瓶颈，逐步转向创新驱动的发展模式。这里要注意以下关键点。

一是注意推动综合创新。从当今世界实践看，创新大致可分为科技创新、理论创新、制度创新以及基于以上要素整合的经济模式创新。从我国的情况看，国内目前普遍对科技创新很重视，但对理论创新和制度创新相对忽视，对技术创新很重视，但对商业模式创新或新经济模式创新相对忽视。广州应着力在理论、制

度创新上寻求更多的突破，注意从资源分配上推动综合创新，以此弥补科技创新薄弱所带来的竞争力不足，让综合创新成为经济发展的强大动力。

二是防止"房地产经济"对创新的挤压。当前，房地产以其持久不衰的魅力成为全社会的新崇拜物，购置房产不仅保值，而且具有畸高的投资回报，其创富效应使得需要付出很高代价的创新者相形见绌，于是社会资本纷纷追逐房地产。当今具有长期竞争力的国家或城市，都以创新为支撑发展经济，瑞典、德国甚至还对房地产市场实施了较严格的控制（如瑞典即规定对房产交易增值部分必须缴纳80%的增值税），以避免出现房地产泡沫。

三是大力扶持新经济模式，着力打造"时间经济"。实施创新驱动，不能仅限于科技创新，更要发挥基于新技术革命的新经济模式或新商业模式的作用。一定意义上讲，推动新经济模式的移植应用比直接引进高、精、尖技术更有价值。新经济模式，最典型的就是基于互联网技术而衍生出来的网络经济、物联网、新能源互联网等经济形态，目前这一领域的创新最为活跃。此外，就是所谓的"时间经济"。改革开放以来，我国以土地为基础的空间因素成为各地政府发展经济的关注焦点。然而，近年来，随着土地资源利用趋近饱和，特别是沿海城市"土地饥渴症"随处可见，在此背景下，"时间经济"概念横空出世，日益显现其必要性。马克思曾经说过，"时间是发展的空间，在一定意义上，时间也是空间，要树立时间经济的意识，探索时间经济的内在含义"。纽约在100多年的发展历史中，一直没有突破曼哈顿岛，却成为世界城市的老大。目前，我国每新增100亿GDP产值需要新增6万亩土地支撑，如果在既定空间内不是8小时而是24小时地连续生产、交易、消费、投资和创新……那么将衍生出数倍于空间经济规模的时间经济。因此，作为土地资源相对紧张的广州，若与天津、重庆、苏州等"拼空间、拼土地"，则肯定不是对手，广州应积极探索"时间经济"的创富之路，探索时间因素的经济利用模式，将"时间经济"作为应对"追兵"粗放式空间经济竞争的有力武器之一。

（六）实施"再平衡"战略，有效发挥"投资+消费"的组合驱动力

与天津、重庆等动辄30%～40%的投资高增长率不同，广州、深圳近些年投资增长率已降至接近一位数，许多人认为这是广州发展方式及动力转型的进步标志，但这也是广州经济增速大幅减缓的主因之一。在现阶段，广州是否已不再需要较高的投资增长率了，针对广州以"商"为主导的经济发展特色，有人建

议从比较优势出发，广州应转向更多地依靠消费拉动经济增长的模式。我们认为，要防止经济停滞从而丧失"第三城"地位，广州既要注意弥补投资短板，也要积极发挥消费优势，并且将二者有机结合形成强大的组合驱动力。

首先，无论"稳增长"还是"促转型"，都必须高度重视投资的驱动作用。经济学原理表明，经济持续增长的驱动力是投资而不是消费，其原因在于消费的持续增加以收入增长为前提，而后者有赖于劳动生产率水平的不断提高，劳动生产率水平的提高来源于技术创新和产业升级，这两者都必须以投资为支撑；此外，经济的可持续增长也要靠基础设施的不断完善来降低交易费用，而这也离不开投资。投资驱动的增长模式固然会导致结构失衡等许多问题的产生，但投资在当前广州经济中依然占据着不可替代的位置，广州的工业化、信息化、农村现代化等还远未完成，这都需要相当量的投资，而消费动力的持续扩大也必须建立在一定的投资力度基础上。因此，在投资和消费问题上，广州不能矫枉过正，不能忽视和放任投资动力长期不足的问题，如果过早依赖消费的单一动力以达到所谓的经济转型，广州就可能失去提高生产率的机会，从而使民众收入和消费贡献的提高最终成为"无源之水"，也使得经济增长持续乏力。

当然，我们今后的投资的扩大不能主要依赖基础设施、房地产以及基础重化工业等传统领域，而必须配合整个城市转型升级战略而实施有效投资。建议：一是采取投资"以长带短"的政策思路，即选择那些既能长期优化城市功能和经济结构，又能短期起到拉动经济增长作用的领域，如城中村改造、副中心建设、战略新兴产业项目等。二是着力扩大民间投资的市场准入，要切实破除民营企业的"弹簧门"、"玻璃门"、"旋转门"，引导民间资本通过多种途径进入基础设施、基础产业和公用事业等领域，这是广州未来扩大投资的关键所在。

其次，积极推动消费扩大与升级。与主要"追兵"相比，消费是广州最突出的比较优势，这得益于广州作为全国"商都"的稳固地位。从"扶优"的思路出发，广州应通过进一步推动消费升级来增强经济驱动力。为此，建议抓好以下几个方面：一是突出发展电子商务。充分发挥"千年商都"的消费集聚作用，在科学配置传统商业资源的同时，全力扶持发展电子商务，培养出更多的"唯品会"、"梦芭莎"等品牌，推动"千年商都"向"网络商都"转型升级。二是加快打造"购物天堂"。带动国际客流，扩大消费辐射力，重点发展高端商业和特色消费，推动时尚消费，加快"商旅文"联手，推进综合消费，以"时尚之都"为目标，打造以地标式商圈、特色商街、商旅文示范圈、轨道交通商圈、郊区新城商业中心为代表的各类购物载体。三是全力拓展信息消费。紧紧围绕互联网金融、电子商务、智慧城市建设三大重点领域引导形成新兴产业链,加大招商引资和政策聚焦,加快4G牌照发放,进一步丰富信息产品和信息消费内容,构建安全可信的信息消费环境,努力将信息消费培养成为继住房、汽车之后拉动广州经济增长的新突破口。四是大力扶持健康消费。养生、养老、心理辅导等健康消费在我国属于相对短缺且需求潜力巨大的品种,今后广州应从用地、审批、税费等方面予以政策倾斜,加大这方面的优质产品供给。

课题组成员: 张　强　卢晓媚　陈　剑　刘晓斌

广州加快城市国际化发展的目标、路径与建议

我国城市掀起了国际化发展的新浪潮，在国内城市布局中抢占有利位置，提升自身在世界城市体系中的地位，成为城市发展的重要战略。北京定位于"中国特色世界城市"，上海提出建设"世界城市"，两市城市国际化建设成绩斐然，已经进入世界城市等级体系的第二层级；与广州处于同一层级的深圳则提出"国际化城市"的发展目标，实施《推进国际化城市建设行动纲要》，城市国际化水平追赶并出现了超越广州的趋势。从20世纪90年代初"建设国际化大都市"战略构想的提出到2010年亚运会的成功举办，广州经济社会持续快速增长，开放合作不断深化，城市基础设施与环境建设日益完善，对外交往纵深发展，城市国际化总体发展水平有了极大提升。面对全球化背景下日趋激烈的城市竞争，如何争夺和利用城市国际化发展资源，提高在全球城市网络中的节点价值，促进城市能级的不断提升，是广州当前城市发展面临的一个重要课题。

一、城市国际化的内涵及特征

（一）城市国际化的概念、内涵与具体表现

城市国际化是一个动态概念，指的是一个城市逐步产生高度国际关联效应，参与国际经济循环和政治文化交流，在商品、资本、技术、信息、劳动力及整体文化等方面进行跨国界的相互往来，在此基础上不断扩大对其他国家乃至全球的影响力，并最终成长为国际城市的过程。

全球经济一体化是城市国际化的驱动力量。随着经济区域化、组织集团化和市场全球化的纵深发展，城市的经济增长和社会发展在自身资源和传统优势之外，越来越依赖于国际合作与国际资源要素，顺应全球化发展潮流、深入参与国际分工协作、加快城市国际化进程，成为全球化背景下当代城市的发展趋势和必然要求。

在"国际化"动态发展过程中，城市不断扩张和深化国际经贸联系，参与

国际分工和资源要素分配，加强跨国政治文化交流，促进城市运行体制和运行机制与国际最新发展潮流兼容，畅通物流、人流、资金流、技术流和信息流的跨国互动，树立城市在国际事务中的影响力、话语权和控制力，提升在全球城市网络体系当中的重要节点功能和地位，最终成长为具有强大控制力和辐射力的国际城市。

（二）国际城市与世界城市体系

1. 国际城市

城市国际化的最终目标和结果是建设国际城市。国际城市作为与世界各国和地区紧密联系并对其有强大影响力的现代化城市，具有以下特征：①雄厚的经济实力，经济开放度高，生产性服务业发达；②良好的基础设施，联通世界的通讯网络、方便快捷的交通体系、生态环保的办公和生活设施；③国际水准的城市管理，包括科学有序的行政管理、高素质的城市居民、开放的政策环境、完善的公共服务体系、发达的生产服务业和极高的办事效率；④显著的国际地位，有一定数量的跨国公司总部和国际组织，在国际事务和国际贸易中发挥重要作用；⑤强大的辐射能力，城市功能具有国际性辐射力，影响力和控制力具有明显的国际性，是全球创新中心。

2. 世界城市体系

以国际分工为基础，以经济要素的国际流动为纽带，以产业转移和贸易拓展为动力的城市国际化发展，直接导致了世界城市体系的出现。在经济全球化和信息化的推动下，积极参与全球化的城市之间的经济网络开始主宰全球经济命脉，涌现出若干在空间权力上超越国家范围、在全球或区域经济中发挥指挥和控制作用的国际城市，形成了以少数特大型城市，即世界城市（World City）或全球城市（Global City）为顶端的金字塔型的世界城市体系。

国际城市在世界城市体系中的位置取决于其规模和功能、辐射范围及在世界经济系统中的地位。根据能级和综合实力，国际城市大致可分为三个层次。

第一层次是世界城市（或全球城市），如纽约和伦敦，城市综合功能和综合实力最强，辐射力触及和覆盖全球各个角落，是控制、指挥、协调全球经济活动的枢纽，也是城市所在国家和地区全球控制能力的集中体现。

第二层次是洲际性的国际城市，如巴黎、东京、香港、悉尼、新加坡等国际经济中心城市，其功能全面或在某一领域功能突出，辐射面波及大洲区域，具有很大的集聚和扩散功能，是世界经济循环网络的重要空间节点和区域的政治经济控制中心。

第三层次是区域性的国际城市，如莫斯科、圣保罗、雅加达等所在国首都和大阪、休斯顿等国家主要经济中心，是潜在和正在崛起的国际经济中心或功能型城市，其功能和辐射力虽尚未达到区域性政治经济控制中心的高度，但已经跨越本国的界线，并对国际社会具有一定的影响力。许多发展中国家的国际城市属于这一级别。

3. 国际城市发展新趋势

随着国际经济政治格局在全球金融危机后逐渐发生变化，世界城市网络和等级体系出现了重大调整，亚太区域与新型经济体的国际城市地位迅速提升，中等能级的世界城市数量不断增加，全球国际城市网络原来的金字塔形结构逐渐转向"钟形"结构发展，国际城市发展也呈现出新的趋势和动态：

一是在国际城市的产业结构方面，制造业等传统产业曾一度逐步退出，城市产业结构呈现轻型化特点。然而，国际金融危机使得纽约、伦敦等以服务业为主的重量级世界城市遭受重大打击，国际城市普遍对自身经济结构、主导产业发展方向进行了新的思考与调整。从总的趋势上看，第三产业保持主导地位仍是国际城市经济结构发展的主要趋势，但经济结构的均衡性和多样性正在成为国际城市经济转型的重要发展方向。

二是在全球经济疲软的大环境中，城市化进程中普遍出现的人口激增、环境污染、资源紧缺、无序扩张等问题日益凸显，低碳、环保成为的国际城市发展的迫切需求。改变城市运行和发展模式，由传统城市向"绿色城市"转变，达成低碳、环保、可持续的发展目标，将是国际城市未来发展的主攻方向。

三是创新驱动和智慧布建成为国际城市促进转型升级、加快发展的重要依托手段。创新作为全球城市应对困境、实现经济可持续发展的共同选择，是城市国际化进程中的关键要素。越来越多国际城市正在接受"智慧城市"这一优化城市发展效率的全新理念，并将建设智慧城市作为提升城市国际化水平的重要突破点广泛付诸实践。

四是文化建设作为城市软实力的重要体现，在城市国际化发展中的作用日趋凸显。由于文化关联度的不断延展，城市文化发展已逐步超越狭义的文化领域，向产业、基础设施、社会建设、城市复兴和城市总体定位渗透。文化建设成为城市功能发挥合力的重要推动力量并越来越受到国际城市的普遍重视。文化引领正成为促进城市国际化水平持续提升的一项重要发展战略。

二、城市国际化水平的评价标准

1. 城市国际化发展排名

国内外代表性学者和著名研究机构从不同侧重点出发建立指标体系，对世界城市体系进行了国际化发展水平评价和等级体系划分，其中具有广泛影响力的主要有：

（1）全球城市指数（Global Cities Index），由美国《外交政策》杂志、全球管理咨询公司——科尔尼公司和芝加哥全球事务委员会联合推出，2008年起每两年发布一次，从工商业活动、人文因素、信息流通、文化氛围和对全球政治的影响等五个方面衡量全球65个城市的国际化发展水平。

（2）"全球城市实力指数"（Global Power City Index），由日本森纪念财团发布，从经济、研究与开发、文化交流、宜居性、环境和交通通达性等6个领域的指标衡量全球35个主要城市的全球影响力。

（3）"世界城市排名"，由英国拉夫堡大学的全球化与世界城市研究组（GaWC）发布，从会计、广告、金融、法律等4个生产性服务业方面对国际城市进行分类排行。

（4）"世界城市调查"，由伦敦地产公司Knight Frank LLP从2010年起在其"财富报告"中发布，从经济活动、政治权利、知识及其影响、生活质量4个方面对全球40个最具影响力的国际城市进行排名。

根据以上4种城市国际化评价指标体系排名方法，全球主要城市排名如表1所示。

表1 城市国际化评价指标体系主要城市排名

世界城市等级体系划分	国际城市	英国"世界城市排名（100个）"（2010）	美国"全球城市指数（66个）"（2012）	日本"全球城市实力指数（25个）"（2011）	英国"世界城市调查（20个）"（2011）
第一层级：全球城市	纽约	Alpha++	1	1	1
	伦敦	Alpha++	2	2	2

续上表

世界城市等级体系划分	国际城市	英国"世界城市排名（100个）"（2010）	美国"全球城市指数（66个）"（2012）	日本"全球城市实力指数（25个）"（2011）	英国"世界城市调查（20个）"（2011）
第二层级：洲际性国际城市	东京	Alpha+	4	4	4
	香港	Alpha+	5	8	17
	新加坡	Alpha+	11	5	7
	首尔	Alpha	8	7	13
	北京	Alpha	14	18	8
	洛杉矶	Alpha	19	13	6
	上海	Alpha+	21	23	18
第三层级：区域性国际城市	莫斯科	Alpha	19	—	—
	马德里	Alpha−	24	20	—
	休斯顿	Beta+	38	—	—
	大阪	Beta−	47	15	—
	台北	Alpha−	40	29	24
	曼谷	Alpha−	43	—	20
	开罗	Beta+	50	—	—
	雅加达	Alpha−	54	—	—
	里约	Beta−	53	—	—
	广州	Beta	60	—	—
	深圳	Beta+	65	—	—
	重庆	—	66	—	—

2. 城市国际化评价指标

根据国际城市相关理论及其特征、职能，综合国内外知名的城市国际化评价指标体系和我国城市国际化发展实际，以指标体系的形式对城市国际化的内涵进行阐述，国际城市是国际化职能效应极强的现代化城市，走国际化发展道路就是要同时提升城市的现代化质量和国际化职能效应。

（1）现代化是国际化的基础，提升城市的现代化质量就是要夯实城市经济基础，提高城市文明程度，以宜居为目标加快城市建设，以科技创新为驱动促进城市发展。对城市现代化质量的考察从经济、城市文明、城市建设和科技四个方面进行，具体包括人均GDP、第三产业增加值占GDP比重、人均地方财政收入、非农业劳动力比例等城市经济现代化指标、人均住房使用面积、每万人拥有医生数量、每百人公共图书馆藏书等城市文明现代化指标、绿化覆盖率、人均道路面积、垃圾无害化处理率等城市建设现代化指标，以及R&D占GPD比重、每万人专利授权量、大学以上学历占人口总数比重等城市科技发展指标。

（2）城市国际化职能指的是城市对发展资源的聚散和辐射能力、对国际事务的参与和控制能力、对全球文明的传播和影响能力。具体来说，就是以进出口额占GDP比重、世界500强企业集团总部、跨国公司地区总部为代表的经济贸易国际化指标，以外资投入占固定资产投入比重、实际利用外资占GDP比重、外国金融机构数量为代表的资本构成国际化指标，以国际互联网普及率、电话普及率、航空客运量和国际新闻机构办事处数量为代表的交通信息国际化指标，以及国际游客、友好城市、使领馆、国际会议、国际会展和参加国际组织数量等对外交流国际化指标。

三、广州城市国际化发展现状与问题

（一）广州城市国际化水平总体评价

广州经济社会持续快速增长，开放合作不断深化，城市基础设施与环境建设日益完善，对外交往纵深发展，城市国际化总体发展水平有了极大提升。从表1全球主要国际城市排名来看，广州城市国际化水平已获得了普遍肯定，广州在世界城市体系中已占据了一定地位，当前处于世界城市等级体系划分中第三层级即"区域性国际城市"的后列，与雅加达、胡志明市、约翰内斯堡等发展中国家首都城市和曼彻斯特、西雅图、里约热内卢、福冈等发达国家重要城市位置相当。

同时也应看到，广州的城市国际化水平与纽约、伦敦这两个世界城市的差距巨大，与第二层级中的香港、新加坡和首尔也有相当大的距离，在第三层级中也仅处于后列位置，与处于前列的马德里、台北、大阪、曼谷等城市也有一定差距。在我国内地城市中，广州的城市国际化水平虽然仅次于北京、上海两市，领先深圳、重庆等城市，但与北京、上海这两个已上升到第二层级的国内城市相比，尚有较大距离。

（二）广州城市国际化发展存在的问题

通过对广州与北京、上海这两个国际化水平最高的内地城市和深圳市进行横向比较，能够深入了解现阶段广州城市国际化发展中存在的问题与不足。（见表2）

1. 经济国际化程度不高，制约城市辐射力和控制力

雄厚的经济实力是城市国际化的基本条件，高能级国际城市通常都具有巨大的经济体量。虽然广州经济持续快速增长，但经济总量与高能级国际城市相比差距较大，当前GDP总量仅相当于纽约的5.8%、东京的5%，在世界经济体系中的影响较弱。

从反映城市经济贸易和资本构成国际化来看，广州在各项指标上的表现并不理想。国际城市的特征之一是外向型经济发达，2011年广州外贸依存度为60.9%，高于全国平均水平（50.1%），但与深圳、北京和上海存在相当大的差距，反映出广州与国际市场的联系程度较低，开拓海外市场的能力尚未达到较高水平，严重制约了广州的对外辐射能力。

表2 北京、广州、上海、深圳城市国际化发展水平指数比较（2011年）

总目标	分目标	子目标	指标项	北京	广州	上海	深圳
城市国际化水平评价指标体系	城市现代化质量	城市经济现代化	人均GDP（元/人）	80394	92158	82560	110387
			第三产业增加值占GDP比重（%）	75.7	61.51	57.9	53.5
			人均地方财政收入（元/人）	3006.3	979.47	3429.83	1339.59
			非农业劳动力比例（%）①	94.0	93.01	96.60	99.95
		城市文明现代化	人均住房使用面积（m²）	28.81	20.93	17.5	29.6
			每万人拥有医生数（人）	34.7	34.6	22	19.7
			每100人公共图书馆藏书	230	233	363	238
			建成区绿化覆盖率（%）	45.6	40.3	38.2	45.1
		城市建设现代化	人均交通道路占有面积（m²）②	6.7	7.9	5.8	—
			生活垃圾无害化处理率（%）	98.2	91.98	87.6	94
		城市科技发展	R&D投入占GDP比重（%）	5.83	2.25	2.9	3.66
			每万人专利授权量（件）	20.25	14.43	34.84	37.95
			大学以上学历占人口总数比重（%）	31.5	19.2	21.9	19.7

① 此项指标为2010年数据。
② 此项指标北京、上海为2008年数据。

续上表

总目标	分目标	子目标	指标项	北京	广州	上海	深圳
城市国际化职能		经济贸易国际化	进出口贸易额占GDP比重（%）	157.2	60.9	147.2	232.5
			世界500强企业集团总部（个）	49	1	4	2
			跨国公司地区总部（个）	116①	56	380②	—
		资本构成国际化	外资投入占固定资产投入比重（%）	8.3	2.9	14.4	16.9③
			实际利用外资占GDP比重（%）	2.85	2.24	4.24	2.58
			实际利用外资（亿美元）	70.5	42.70	126.01	45.99
			外国金融机构数量（个）	290④	78	173	45⑤
		交通和信息国际化	国际互联网用户普及率（%）	70.3	71.2	64.5	78.4
			城市移动电话普及率（部/百人）	127.6	201.9	113.8	223.0
			航空客运量（万人次）	7740	4504	7456	2825
			国际新闻机构办事处（个）	185⑥	8⑦	83⑧	—

① http://news.iqilu.com/china/gedi/2012/0430/1207363.shtml.
② http://district.ce.cn/newarea/roll/201207/10/120120710_23477612.shtml.
③ 此项指标为2010年数据。
④ http://www.baic.gov.cn/zwgk/jqdt/sjtt/201202/20120217_715070.htm.
⑤ http://cpc.people.com.cn/GB/68742/187710/17449939.html.
⑥ 根据朝阳区国际新闻媒体167家占北京国际新闻媒体的90%推算得出。http://zh.wikipedia.org/wiki/%E6%9C%9D%E9%98%B3%E5%8C%BA_（%E5%8C%97%E4%BA%AC%E5%B8%82）.
⑦ 此项指标为2007年数据。http://www.gzwaishi.gov.cn/Item/2418.aspx.
⑧ 此项指标为2008年数据。

续上表

总目标	分目标	子目标	指标项	北京	广州	上海	深圳
		对外交流国际化	接待国际游客人数（万人次）	520.4	778.69	817.57	1104.55
			友好城市数（个）	46	31	69	13
			使领馆数量（个）	154①	44②	71③	—
			国际会议（个）④	98	9	81	—
			国际会展（个）	—	118	232	94
			常住外国人数量（万人）⑤	11⑥	6⑦	15.21⑧	1.83⑨
			国际组织入驻数量（个）	3	0	0	0

① http://www.china.com.cn/chinese/zhuanti/cjy/470464.htm.
② http://www.szfao.gov.cn/zyk/zyslg/
③ http://www.shfao.gov.cn/wsb/node270/node297/node299/node306/node374/index.html.
④ 此项指标为 ICCA 2010 年数据。
⑤ 此指标数据中北京为 2009 年，广州为 2009 年，上海为 2008 年，深圳为 2007 年。
⑥ http://www.chinadaily.com.cn/zgrbjx/2009-11/24/content_9025848.htm.
⑦ http://finance.ifeng.com/news/20091014/1334210.shtml.
⑧ 此数据摘自 2009 年 09 月 26 日《文汇报》。
⑨ http://www.chinadaily.com.cn/dfpd/2009-10/09/content_8772360.htm.

国际城市聚集了众多跨国公司总部，是全球生产经营和企业跨国运营的决策中心。"世界500强总部"和"跨国公司地区总部"这2项指标能够反映出城市的国际经济控制力，例如500强企业中有44家落户纽约，15家总部设在巴黎。从广州当前发展情况来看，截至2011年底，69家中国世界500强企业中有1家总部位于广州，而北京有41家；国家商务部门认可的跨国公司地区总部广州有53家，而上海已达353家，一定程度上反映出广州在投资环境和经济繁荣程度上的不足，影响了广州参与国际经济活动的深度与广度。

2011年广州实际利用外资占GDP比重为2.24%，固定资产投入中外资投入比重为2.9%。这两项指标是衡量资本构成国际化的重要指标，广州与北京、上海和深圳相比有较大差距，表明广州吸引国际资本的集聚力相对较弱，对外资的利用效率也有待提高。

国际城市是国际资金融通、集散和交易的中心城市，外国金融机构数量指标可以考察城市金融的市场辐射和对外开放程度。目前驻穗外国金融机构数量不到上海的1/2、北京的1/5，反映出广州金融业发展相对滞后，金融国际化水平偏低，城市金融资本影响力不足。深圳综合开发研究院发布的"中国金融中心指数"中，广州位居北京、上海、深圳三大金融中心之后，远未进入国际甚至亚洲金融中心的行列。

2. 科研创新能力不足，影响城市现代化水平提升

城市国际化是以相当程度的现代化发展为前提的。在衡量城市现代化质量的13项指标项中，广州的表现明显较弱，除了在"人均道路面积"1项指标上领先，有5项指标在四市中处于末位，包括"城市经济现代化"子系统的"人均地方财政收入"和"非农业劳动力比例"指标，以及"城市科技发展"子系统的全部3项指标。与课题组2009年开展的研究相对照[①]，结果显示近年来北京、上海和深圳三市的城市现代化建设步伐较快，广州与其距离出现了拉大的趋势。尤其是在城市科技发展和创新方面，2011年广州的R&D投入强度为2.25%，仅相当于2007年世界平均水平，研发投入规模远远低于北京、深圳等市；专利授权量远落后于其他三市，仅是深圳的五分之一，还不到上海的三分之一，反映出

---

① 课题组2009年开展的《广州城市国际化发展研究》结果表明，2008年广州在2项指标（人均GDP、人均道路面积）上较为领先，在3项（人均地方财政收入、每百人藏书和R&D投入占GDP比重）上明显弱于三市，在其余7个指标项上与三市表现相近。广州与北京、上海、深圳在城市现代化建设方面相差不大，四市各有优缺，大致处于同一水平。

广州在自主创新能力方面存在较大差距。

3. 对外交往活跃度不足,制约城市影响力和沟通力

国际城市是国际交往中心,国际交流活动频繁,国际交往人口规模庞大。在城市对外交往方面,当前广州的友好城市和使领馆数量少于北京、上海,尤其是在常驻境外媒体方面与北京、上海具有较大差距,表明广州的对外交往途径相对狭窄,与国际社会的交往程度和信息交流程度相对较低。

人口的国际交往指城市中国际性人口流动的状况,能够充分反映城市的国际交往能力和国际化水平。一般而言,国际大都市的外籍侨民占本地人口比重应在0.6%以上,入境旅游人口占本地人口比重应高于40%,市民运用英语交流的普及率应达到40%以上[1],例如纽约和伦敦,国外出生人口占其人口总数的三分之一,新加坡外国人口近20%,香港外国人占7.8%[2];2010年伦敦接待境外游客达1460多万[3],纽约达970万[4],广州当前的发展情况与以上标准尚有较大距离,在人员流动方面尚未具备高能级国际城市强大的吸引力和包容性。

国际城市往往是国际组织总部的所在地,城市拥有国际组织机构数量直接反映其在国际政治经济中的地位和影响力,例如巴黎,所驻国际组织机构多达200家;纽约是世界上最大和最具影响力的国际组织联合国总部的所在地;东京有12个联合国机构。从国际组织入驻国内城市情况来看,北京当前有国际竹藤组织总部、联合国亚太地区农业工程与机械中心、上海合作组织秘书处等3个国际组织落户,亚洲论坛总部设在海南博鳌,而广州尚未有国际组织入驻,在全球国际事务中的作用与高能级的国际城市差距巨大,本土非经济组织也缺乏组织开展国际活动的能力,表明广州当前在国际社会中地位不高,对全球性事务的影响力较弱。

举办大型国际会议数量是城市对外交流频度的重要标志,据统计巴黎每年举办的大型国际会议数量在200～300个之间,新加坡平均有130个左右。2011年广州举办的国际经贸、文化、学术交流等会展活动不仅在数量上远远低于这些国外先进城市以及北京、上海等市,在规模和影响力上也有较大差距,表明广州当

---

[1] 数据来源:杨建、傅强、钱明辉:《国际化都市之路》,经济科学出版社2011年版。
[2] 数据来源:刘玉芳:《北京与国际城市的比较研究》。
[3] 数据来源:International Passenger Survey, http://www.londonandpartners.com/media-centre/press-releases/2011/overseas-visitors-to-london-spend-more-than-86-billion-in-2010-as-capital-bucks-uk-trend.
[4] 数据来源:NYC Statistics, http://www.nycgo.com/articles/nyc-statistics-page.

前对全球经济、文化和学术活动的影响力非常有限。

4. 基础设施建设不足，影响城市聚散和交换能力

国际城市是世界或区域交通枢纽，要求城市内部与外部交通衔接情况良好，高速公路、世界级港口和国际航空运送能力强大。国际城市也是国际信息通信网络的重要节点，是全球信息交流中心和信息服务业的主要生产中心，因此城市信息通信要设施先进、普及率高。从对外交通国际化指标来看，纽约、东京、伦敦、新加坡等国际城市都有两个以上国际机场，国际国内航线数量和运送旅客人次众多。2011年纽约三个机场运送旅客接近1.05亿人次，香港机场客流量达到5400万人次，广州则刚刚突破4500万；新加坡樟宜机场与世界上60多个国家的180多个城市通航，香港机场每周有超过6000个航班飞往世界150多个城市，而广州白云机场目前开通国际航线只有57条。从信息国际化指标来看，广州的国际互联网普及率为71.2%，虽然高于北京、上海两市，但与新加坡的77.8%、香港的87%还有一定差距。虽然广州城市基础设施整体上比较完善先进，但在对外交通和信息交换指标表现上与能级较高城市相比仍有较大不足，说明广州与国际社会的人员和信息交换能力尚待提高。

四、广州城市国际化的发展目标和路径选择

（一）广州城市国际化的发展目标

以世界先进城市为标杆，进一步提升经济、社会、文化、生态和城市发展质量，全面增强作为高能级国际城市的各项功能，提升广州在国际分工中的战略地位，打造国际商贸中心、世界文化名城、区域金融中心、亚洲现代物流中心、国际性会展中心和国际化信息港，推动广州跨越式发展为综合型国际城市。在未来十年，努力将广州建设成为亚太地区重要的区域性国际城市；到2050年，建成具有全球影响力的国际化大都市。

（二）加快广州城市国际化发展的路径选择

1. 深化区域合作，突出广州中心城市辐射力

发挥广州核心城市的国际商务、金融服务、技术创新和制度整合等功能，引领珠三角城市群在全球城市体系中不断提升功能和影响力，最终形成亚太地区最具活力和竞争力的世界级城市群，以城市群的整体发展加速广州国际化发展

进程。

2. 加快发展总部经济，提升广州全球经济控制力

以全球化视野发展广州总部经济，进一步加强与港澳、深圳的协作，全面推进穗港总部经济的合理分工、错位发展，共同打造具有世界影响力的"穗港深"国际总部经济带。以建设华南地区的区域性企业总部集聚中心为目标，大力引进大型跨国公司总部或地区总部，积极吸引国内优秀企业设立或改迁广州，大力培育本土跨国企业，促使广州成为亚太地区最具活力的总部经济之都。

3. 加快建设创新型城市，增强广州国际竞争力

深入推进国家创新型城市建设，加快建设技术研发和创新平台，形成自主创新优势；加强与企业、科研和中介机构的紧密合作，官、产、学、研、资、介融为一体，形成科技创新合力；积极引进跨国公司研发中心，重视民营科技创新能力，构建开放的科技创新格局；以市场为导向，加快新兴产业培植和高新技术产业发展。增强自主创新和科技综合实力，打造世界级的高新技术产业中心、科技创新中心，提升广州的科技辐射力和带动力。

4. 优化创业和人居环境，凸显广州城市国际吸引力

进一步提升广州市政设施水平，完善城市道路和水电气基础设施，强化垃圾和污水处理能力，提高通讯信息水平，加强市政应急设施建设，提高城市现代化建设水平，为广州的城市国际化发展创造良好的硬件设施基础。推进可持续发展的生态环境建设，保障经济高速增长的同时保持并不断改善广州的城市生态环境质量，使广州的生态环境水平与国际城市高度发达的经济和社会状况相适应。持续优化投资和营商环境，加快做事规则与国际接轨，促进广州对外开放度的提升。

5. 建设国际化人才港湾，强化广州智力资本聚集力

加大人力资本投入，完善培养和培训体系，培育高素质、复合型人才，满足广州城市国际化建设的人才需求；创造宽松的人才准入和发展环境，延揽国际型高端人才，打造广州国际化人才港湾；加快人才服务业发展，促进人才资源开发；扩展人才对城市的引导和示范效应，将广州建成学习型城市，适应国际城市的建设需要。

6. 加强城市文明和市民素质建设，提高广州城市文化软实力

进一步完善城市公共文化基础建设，建设具有国际水准的现代文化设施，为活跃文化市场、促进文化交流创造良好的硬件条件。加强对外文化交流与推广，广泛开展国际文化交流；积极发展国际文化产业，主动参与国际文化竞争，提升广州国际大都市的文化软实力。

加强精神文明建设，提高市民素质和城市文明程度；增强市民的社会责任意识和对外交往能力，促进广州国际大都市公民意识的整体提升。

7. 完善基础设施建设，强化广州国际门户聚散力

以打造国际门户和对外交往中心为目标，建设区域性国际航海运输中心、亚太地区航空枢纽；打造国家电信、互联网交换中心，实现从"信息城市"到"智慧广州"的跃升，建设枢纽型国际信息港，强化广州作为国际城市的集聚辐射和综合服务能力。

8. 深化城市对外交往，提升广州国际影响力

完善对外交往格局，活跃交流合作，拓展深化友城交往、国际组织多边交流、民间外交、公共外交等交往渠道，构建"政府—民间"多层次的对外交往体系，带动经贸、文化、艺术、体育、科技、社会等全方位互动，扩大国际影响，提升广州国际地位。

五、广州加快城市国际化发展的建议

（一）加快制定城市国际化发展规划和行动计划，引领广州城市国际化发展

1. 加强广州城市国际化发展相关问题研究

城市国际化发展涉及的制约因素多，不仅受世界政治、经济、意识形态及具体国家发展条件等外部环境的影响，同时受城市内部因素，如思想意识、发展基础、发展水平、发展需求等影响；城市国际化发展也是系统工程，是一项长期战略。要推动城市国际化发展，必须加强对相关问题进行系统、深入的研究，充分了解城市国际化发展的内外部条件的基础，分析城市国际化发展的优劣势，科学评估城市国际化发展水平现状，正确判断城市国际化发展趋势，破解城市国际化发展的难题，从而有效地推动城市国际化发展。

2. 加快制定城市国际化发展规划和行动计划，明确广州城市国际化发展目标与实施方案

政府部门要把城市国际化发展上升到战略高度，根据城市国际化发展趋势，以香港、新加坡等国际性城市国际化发展为标杆，结合广州发展实际，制定广州城市国际化发展规划，明确广州城市国际化发展目标以及实施步骤，做好城市国

际化发展进程中的重点任务,以规划引领城市国际化发展的各项工作。同时,结合城市国际化发展规划的目标需求,制定广州城市国际化发展的行动计划,明确政府各部门和社会各界的责任,在城市建设、对外宣传、外事工作、外经外贸等细化方案,有序推进城市国际化发展。

(二) 争取引进国际性组织或机构,积极承办国际性活动,为广州城市国际化发展赢得先机

1. 吸引国际性组织或机构,争取城市国际化发展的机会

一个城市拥有的国际性组织或国际机构的规模与数量,是衡量一个城市国际化水平的显性要素。国际经验表明,一个城市拥有的国际性组织或机构越多,往往代表着城市参与国际性事务的能量越大,机会越多,会为一个城市发展拓展国际化网络。众所周知,瑞士作为一个欧洲小国,之所以国际化程度很高,原因在于拥有众多的国际性组织。广州要提高国际化水平和国际影响力,重要举措之一是要积极争取中央政策支持,吸引联合国及其专门机构在穗设立办事处,有针对性地吸引国际经济、金融组织等经济类国际组织入驻广州,鼓励科技、文化、体育等专业类国际组织在穗设立分支机构,使广州成为国际组织的重要集聚地。加快城市新中轴线南段和赤岗领事馆区建设,改善领事馆区周边环境,争取更多国家在穗设立领事馆。主动与国际组织机构联系,争取举办 APEC 领导人非正式峰会、世贸组织部长级会议、世界 500 强企业高端峰会等国际顶级会议,争取创办具有国际影响力的年度性论坛,充分利用各类国际资源服务城市发展,提高广州城市国际化发展水平。

2. 组织策划重大国际活动,打造城市国际化发展平台

国内外经验表明,举办重大国际活动或重要国际会议可以推动城市国际化发展,提升城市国际影响力和国际知名度。2010 年广州亚运会的成功举办,有力促进了广州城市国际化发展,提高了广州国际化水平和国际影响力。广州要以此为契机,不断总结经验,适时组织策划重大国际活动,打造广州城市国际化发展平台。为此,要积极申办联合国及附属机构、专门机构和其他重要国际组织的年度大会,争取重大国际会议在穗举办。积极筹办有国际影响力的经济、科技、文化等高端论坛。支持国际机构及组织在穗举办知名度高、品牌影响力大的国际体育赛事和大型文化活动,为广州城市国际化发展创造条件。加强与国际展览局、国际展览业联盟的协作,大力吸引国内外会议展览组织和会展落户广州,建设国际会展中心。精心打造广州(琶洲)国际会展核心区、流花会展区和白云国际

会议中心区，规划建设具有国际水准的大型综合会展设施。充分发挥广交会、中博会、广博会等大型展会品牌效应，推动广州国际展览业发展，使之成为广州城市国际化发展的重要平台。

（三）加快建设完善产业园区，吸引国际高端要素集聚

1. 加快完善产业园区功能，提高承接国际高端要素的能力

实践经验表明，产业园区是承接国际产业转移的平台，是聚集国际高端要素的重要载体。广州要实现产业的国际化发展，一定要着力推进南沙新区、中新广州知识城、国际金融城、天河智慧城、国际健康产业城等产业园区和产业发展平台建设，坚持高标准规划、高水平建设，有序推进，加快完善产业园区的总体规划和专项规划，积极培育高效能产业功能区，推进功能区域化、区域特色化，不断提升产业园区承接国际高端要素的承载力。要根据各个园区的资源优势和功能定位，争取国家支持，创新政策，以政策集成引导产业布局优化和聚集发展。在实际工作中，特别是要利用中新广州知识城的资源优势，加强与新加坡在经贸、技术、园区管理、人才交流等方面的合作，将知识城建成吸引高端人才、汇聚高端产业、提供高端服务的典范和中国—东盟区域性创新中心。充分利用南沙新区的功能优势，加快实施《广州南沙新区发展规划》，将南沙新区作为推进与港澳合作的"主战场"、"大平台"，深入推进与港澳在以现代服务业为重点的经济合作和以社会服务管理、教育培训、营商环境、营商规划等为重点的软环境的对接，努力把南沙打造成为服务内地、连接港澳的商业服务中心、科技创新中心和教育培训基地，建设临港产业配套服务合作区。

2. 加大招商引资力度，吸引国际高端要素集聚

认真研究分析世界产业发展形势和产业转移趋势，结合广州产业转型升级的需求，围绕广州的支柱产业和战略性新兴产业，制定相应的重点招商国家或地区、重点招商企业名录，形成个性化招商方案。加强全市招商工作统筹，市、区（县）甚至产业园区都要成立专业招商机构和队伍，实行统一招商、专业招商，并在境外的重点地区设立招商分支机构和委托招商，形成全球招商网络。利用"新广州·新商机"宣传平台，在城市基础设施、公共服务设施以及先进制造业、高端服务业、战略新兴产业、支柱产业等项目领域加大招商力度，争取大项目、优质项目进入，带动国际高端要素在广州集聚发展。重点吸引跨国公司、世界500强企业继续进驻广州，鼓励外资企业在广州设立部门、地区部门，成立跨国运营中心、采购中心、研发中心，增强广州产业的国际影响力，打造世界市场

的"广州话语权",使广州成为世界经济活动某些领域的引领者。

(四)实施"走出去"战略,鼓励本土企业积极参与国际分工

鼓励本土企业"走出去",积极参与国际分工,是推动广州城市国际化发展的重要战略举措。一是积极拓展境外投资市场。充分利用国家对外开放和外经贸政策支持,依托国家、广东省在境外的合作区、工业园等,在巩固广州已有的境外经济合作区的同时,利用广州对外经济合作关系和国际资源,积极拓展境外投资市场,重点瞄准东盟、中东、非洲、南美等新兴市场国家或地区,为广州本土企业"走出去"开拓空间。二是要培育壮大一批具有国际竞争力的本土跨国企业。在有跨国经营需求并具备一定规模实力的本土企业中,选择一批品牌影响力较大、核心技术竞争力和研发能力较强、生产服务能力较强的企业作为重点培育对象,在资金、技术、品牌塑造、产权保护、人才等方面给予重点扶持,引导企业制定实施品牌、资本、市场、人才、技术国际化战略和跨国经营发展计划,使之成为有能力参与国际竞争的企业。三是鼓励本土企业多形式开展境外投资合作。为企业境外投资、合作提供形势分析、政策咨询、风险评估、融资等全方位服务,鼓励广州本土企业通过设立分支机构、并购、重组、战略合作等多种形式,获取境外知名品牌、先进技术、高端人才、服务等资源,建立境外生产加工基地、营销网络、境外研发中心和境外能源资源供给体系等,推动本土企业国际化发展。

(五)加大城市国际营销力度,提高城市国际知名度

开展城市国际营销是提升城市国际知名度的重要途径和手段。广州要提高城市国际知名度,必须加大城市国际营销活动力度。一是要根据城市特点优化城市营销方式。广州应尽量运用多元化的营销模式,并据城市特点和优势选择最适于自身的营销方式组合。二是要拓展营销宣传主题。充分利用南越古国、粤剧、美食、花城、岭南文化、"四地"(岭南文化的中心地、近现代革命的策源地、改革开放的前沿地、海上丝绸之路的发祥地)等独特历史文化,强化广州人文历史国际宣传营销。三是要借助驻穗领馆、国际组织、跨国企业、大型国际商贸活动、文体活动等宣传广州。开发具有国际影响力的国内外电视、广播、报刊、互联网等传媒资源,从不同角度对广州进行多方位立体化宣传营销,推动广州走向世界。

（六）打造国际人才宜居环境，构建国际化人才队伍

1. 为外籍人士提供便利服务，打造国际人才宜居环境

针对来广州工作、经商、居住的外籍人士越来越多的特点，在城市建设过程中要加强软环境建设，增强城市包容性，尊重国际人士的风俗习惯和宗教信仰，为广大国际人士提供便利舒适的工作和生活环境。加强与各国驻穗领事馆沟通，合作共建在穗外籍人员管理服务综合信息平台，设立外国人信息服务中心，为外籍人员在穗工作生活提供一站式服务。实施城市外语环境提升工程，增开外语广播和电视频道，设立多语种电话志愿者服务热线，规范城市交通道路、旅游景区的多语种标识。积极发展国际教育和国际医疗，公共服务向外籍人士延伸，创造国际化的生活条件。在外籍人士工作、居住比较集中的地区设立外籍人士服务中心，为外籍人士提供高效优质服务。探索推行在穗外籍人士居住证制度，开展适合外籍人士参加的联谊活动。加大行政管理改革力度，创新政策并加快与国际接轨，使在穗外籍人士尽快适应广州的工作环境。

2. 加强境外引进和培训力度，构建国际化高端人才队伍

充分发挥国际人才在推进广州城市国际化进程的资源性作用，加强国际化人才的引进和培训力度，构建国际化高端人才队伍。一是要大力实施"万名海外人才集聚工程"，以企业为主体，以"留交会"为平台，以优惠的政策和良好的工作生活环境吸引国际人才，重点引进专业技术人才、管理人才、经营性人才。二是鼓励广州地区的高校、科研机构、企业开展境外合作交流，联合培养培训国际化人才。三是大力开展境外培训，每年要从政府部门、企业中选派学历高、年轻的干部到境外培训，提高公务员队伍的国际化水平。根据国际化人才的特点和培养目标，采取学校培养、国外深造、外资企业挂职等方式，提高培训的针对性和有效性。四是要实施党政人才开发计划和公务员素质提升计划，形成广覆盖、多层次的教育培训模式和渠道，积极开展领导人才的国际化学习与交流。五是要积极推行海外专家咨询制度，鼓励政府部门和经济组织聘请海外专家作为决策顾问。

课题组成员： 杜家元　姚　宜　李　丰　胡泓媛　周黎明

智慧广州建设现状、问题和对策建议

在全球化信息浪潮推动下,智慧城市发展成为世界范围内城市现代化实践的战略途径。当前,全球智慧城市的发展模式已经由理念阶段进入到全面规划建设时期,西方发达国家的一些城市的信息化建设已经进入运行发展阶段。2010年,中共广州市委市政府工作报告中就提出了"低碳经济、智慧城市、幸福生活"三位一体的城市发展理念。智慧城市战略写进广州市"十二五"规划,并出台了《中共广州市委广州市人民政府关于建设智慧广州的实施意见》。智慧城市建设成为广州城市化与信息化深度融合,广州转型升级的重要引擎。在智慧城市战略指引下,广州在智慧基础设施、智慧产业、智慧社会服务管理等方面取得显著成效,但也面临投入不足、产业发展薄弱、研发创新弱、区域资源整合难度大等问题,智慧城市建设发展凸显瓶颈制约,智慧城市创新建设拉动经济增长作用不明显。要发挥智慧城市建设的创新驱动作用,促进广州城市发展动力转型,需要进一步加快推动广州智慧城市建设,破解智慧城市的问题,发挥智慧城市创新驱动力量。因此,我们有必要了解当前全球智慧城市建设的动态及趋势,研究广州智慧城市建设现状、存在问题,并提出可操作性的对策建议,对于深入推进智慧广州战略,提升广州国家中心城市综合实力和辐射带动能力具有十分重要的战略意义。

一、国际国内智慧城市发展新态势

(一)国际上智慧城市发展现状及趋势

当前,全球有关智慧城市发展已从概念和模型阶段全面进入规划和建设阶段,部分领先智慧城市已进入运行阶段。在智慧城市建设的推进中,已呈现出不同的发展取向和建设路径。

1. 世界智慧城市建设进入全面建设阶段

纵观当前全球城市,在建智慧城市的数量已经超过100个,其中欧亚地区智慧城市建设相对积极。2012年,欧盟启动了"智能城市和社区—欧洲创新伙伴行动",并在新能源、智能交通和信息通讯(如物联网)等领域的先进技术在欧洲 25 座城市开展示范项目建设(欧盟报告,2010)。其中,英国设立 1 亿英镑的城市宽带基金,计划用 3 年时间建设 10 座数据传输能力将达百兆"超级网络城市"。同时欧洲设立智慧城市奖。维也纳作为智慧城市获得者制定了"智慧城市维也纳计划",强调智慧城市建设与城市总体规划相结合,以降低能源消耗和改善气候环境质量。在亚洲地区,韩国、日本、新加坡等国家积极开展智慧城市建设,并制定了智慧城市发展战略。如日本的 u – Japan 计划和韩国的 u – Korea 计划。在日本的 u – Japan 计划中,重点提出了促进数码流通、ICT 人才培养、研发促进等发展目标。在韩国的 u – Korea 计划中,则强调从城市规划建设层面制定智慧城市发展计划。中如 U – 松岛计划、u – Wallet、u – port、u – Biz Support 等战略计划中,分别从服务贸易、外国人生活便利化、商业物流管理等方面推进智慧化建设。

2. 智慧城市建设在推动经济增长方面成效显著

创新驱动是引领当前经济增长的核心动力。而智慧城市建设当中的创新发展比较突出。利用智慧城市创新投入,带动城市经济增长和结构转型升级的作用已经在欧美发达地区显现。智慧城市发展的核心是通过技术创新的驱动,重点是数字技术行业的发展,大数据服务行业发展使城市成为最直接的得益者。2008 年全球金融危机中,以数字内容为主导的行业表现出逆增长的态势。主要表现在:一方面,智慧城市基础设施的投入带动了城市经济增长,其中宽带基础设施建设在 2008—2011 年增长了 50%。其中,韩国尤其突出,是全球互联网发展的标杆城市,其三年累计达 100% 速度增长,首尔城市的网速排名全球第一(见表 1)。

表 1　全球城市宽带速度排名

城市	下载速度	上传速度	网络延时	宽带得分
首尔	29.891	14.846	139	73
大阪	20.929	11.302	63	59
东京	20.878	10.729	52	58
汉堡	20.647	3.156	34	53
索菲亚	14.779	7.653	52	48
科隆	16.65	2.463	46	46

续上表

城市	下载速度	上传速度	网络延时	宽带得分
斯德哥尔摩	14.722	5.769	73	46
鹿特丹	15.156	1.636	38	44
赫尔辛基	15.343	1.57	10.5	43
哥本哈根	11.44	5.784	43	42
巴黎	13.359	2.669	43	42
里斯本	12.453	1.424	48	40
波尔图	12.369	1.353	41	40
里昂	11.462	1.447	56	38
阿姆斯特丹	11.364	1.609	44	38
纽约	10.119	2.757	47	38
安特卫普	10.516	0.961	51	37
布拉格	9.588	2.625	38	37
马赛	10.804	1.565	65	37
布鲁塞尔	9.753	1.226	44	36
维也纳	9.284	1.389	84	35
柏林	9.122	1.193	65	35
奥斯陆	8.718	2.673	69	35
苏黎世	9.243	1.153	42	35
温哥华	8.393	0.945	90	33
慕尼黑	8.023	1.223	90	33
法兰克福	7.338	1.186	106	32
蒙特利尔	6.291	0.914	51	31
伦敦	5.812	0.589	76	30
墨尔本	5.123	0.539	76	29

资料来源：Broadband Quality Survey 2010.

另外，城市智慧产业投资增长带动了产业结构转型升级，伦敦和巴黎等世界城市在这方面表现最为显著。2009年，伦敦是吸引外商直接投资项目达295个，其中数字经济项目占比31%，其次是巴黎，为109个项目，数字经济项目占比25%（见表2）。

表2 欧洲城市吸引外商投资项目比较

城市	计算机	电器	电气	软件	通讯	全部数字项目FDI	全部项目	FDI数字项目比重（%）
伦敦	1	5	9	70	5	90	295	31
巴黎		3	5	19		27	109	25
马德里	1	1	1	12	3	18	65	28
杜塞尔多夫	—	5	2	4		11	52	27
莫斯科	1	2	4	4	3	14	52	27
都柏林	1			8	1	10	51	20

资料来源：Ernst and Young European Investment Monitor, data downloaded 12 Oct 2011.

发展中国家利用智慧城市建设投入带动经济增长效应也比较明显。2009年，世界银行根据各国信息和通讯技术产品（ICT）消费占GDP比重进行分析，数字经济发展迅速的是亚洲、拉美地区国家城市，排名前十位的城市主要为发展中国家。而欧美、日本等发达国家和地区在智慧城市对经济增长表现方面较为滞后。但是，从另一方面来说，发展中国家的ICT消费总规模与发达国家相比还是有差距，绝对投入方面差距更大。（见表3）

表3 ICT消费占GDP比重前20名的国家

国家	2009年排名	2003年	2004年	2005年	2006年	2007年	2008年	2009年
摩洛哥	1	5.33	6.66	7.51	7.44	10	12.45	13.54
马来西亚	2	12.83	13.42	13.06	12.22	11.09	9.73	11.47
塞内加尔	3	6.53	7.68	9.01	10.42	10.61	10.75	10.66
南非	4	7.91	7.89	9.33	9.67	9.36	10.1	9.45
孟加拉	5	1.93	2.41	4.07	5.86	8.04	9.04	9.35

续上表

国家	2009年排名	2003年	2004年	2005年	2006年	2007年	2008年	2009年
洪都拉斯	6	5.13	5.89	6.35	7.17	7.62	8.17	8.87
匈牙利	7	9.99	10.27	10.43	10.76	9.77	8.9	8.34
韩国	8	8.97	9.48	9.21	9.41	9.2	9.05	7.95
捷克	9	8.16	8.27	8.32	8.4	8.24	7.58	7.91
乌克兰	10	6.76	7.89	8.15	8.08	6.78	5.94	7.05
英国	11	6.28	6.24	6.12	6.05	6.04	6.36	7.04
约旦	12	10.2	10.56	10.1	8.98	8.31	7.28	7.04
美国	13	7.51	7.39	7.28	7.25	7.2	7.22	6.96
斯洛伐克	14	4.8	4.62	5.44	5.87	6.08	6.19	6.93
日本	15	6.71	6.6	6.69	7	6.88	6.72	6.89
沙特	16	5.1	5.02	4.81	4.92	5.42	5.11	6.81
加拿大	17	6.95	6.92	6.66	6.48	6.6	6.61	6.72
菲律宾	18	5.03	6.01	5.34	5.39	5.87	6.1	6.72
新加坡	19	10.1	9.7	9.22	8.37	7.11	6.67	6.69
泰国	20	5.81	6.19	6.11	6.16	6.07	6.2	6.65
世界		6.5	6.46	6.44	6.42	6.16	5.98	6.02

资料来源：World Information Technology and Services Alliance, Digital Planet: The Global Information Economy, and Global Insight, Inc.

3. 国际智慧城市发展方向多元化

国际上智慧城市建设并非单一化，而是走向多元化发展目标战略。当前，国际上城市将智慧发展纳入国家或地区的中长期发展战略目标。发达国家按照智慧城市建设规划，制定发展目标，并在产业发展、人才培养、研发创新等方面提出了多元化的产业政策。（见表4）如2009年，欧盟委员会提出的建设智慧城市的计划目标重点是围绕城市节能减耗，提高能源利用效率做文章。日本制定u–Japan的政策中，就提出了数码内容流通、ICT人才培养、研发促进等政策。韩国制定的u–Korea战略计划中，就提出了涵盖办公、社会福利、能源、交通、家庭、娱乐等诸多领域的产业发展政策。

表4　部分欧洲城市智慧城市建设的内容

城市	建设内容要点
巴塞罗那	智慧城市战略主要构成：智慧社区、基础设施、为城市居民提供新服务、开放的资料或者公开数据、22@ Barcelona 项目
里瓦斯－瓦希亚马德里德	重点投资领域：城市光纤 IP 网络和基于 IEEE 802.11b 标准的无线局域网络，宽带基础设施，500 英里的光纤连接 86 个位置，包括：行政办公室、小学体育中心、垃圾回收厂等
奥卢	能源消耗系统：可以远程读取住宅中的大多数仪表数据，并可以据此测量住宅每天甚至每小时所消耗的能源情况、panOULU（全市范围内的 WiFi 网路）、panOULU WSN（基于 IP 的无线传感器网络）、OULLabs（奥卢城市生活实验室）、城市相互交流项目（开发 UBI 热点、提供无线接入点以及高速互联网接入来提供充足的互动）与 RunWithus（鼓励市民去参加慢跑运动）项目
赫尔辛基	生活实验室移动应用程序（集群）创新城市项目
阿姆斯特丹	智慧城市项目的目标：通过智能技术使城市环境更加友好、能源更加节约，绿色能源基础设施，太阳能电池板、家用风力发电机以及电动汽车充电站
格罗宁根	智慧城市项目的三个主题：改善客户服务、开发"无线格罗宁根"以及通过撤销行政管制来减少繁文缛节与官僚作风
利勒桑	专注于在行政管理流程上扩大 ICT 的使用并引入数字形式和工作流程序设计作为工具
不来梅港	旅游观光和适地信息系统：基于 WiFi、固定和移动的访问点来向用户提供适时的信息，由"七项框架计划项目"资助的"未来欧洲总线系统"项目
奥斯特霍尔茨－沙姆贝库	以市民为向导的试点项目、地理编码系统工具

续上表

城市	建设内容要点
科尔特赖克	提高无线网络覆盖率、1777项目（市民可以使用该电话号码了解各种市政服务）、流程描述、窄播屏幕、智能点（I-Points）、Mypage和电子身份证
卡尔斯塔德	智慧城市的试点项目，电子办公室、业务流程项目，健康和社会保健项目，电子政府授权
斯德哥尔摩	交通拥堵费、光纤解决方案以及开发式网路
塞萨洛尼基	智能区、创新集群和技术创新区的建立
曼彻斯特	智慧城市中的智慧市民，使用数字技术来促进社区参与、能力建设和社会资本的提升，数字化开发机构项目（包括：光纤到户、互联网中心、低碳的开发数据网络、智慧创新与人、绿色数字宪章、数字和创造性的技能），生活实验室项目
诺福克郡	智慧城市项目的两个领域：通过客户简介更多地了解客户信息，将服务的信息和客户需求结合起来
爱丁堡	业务流程改变的试点工作：新的互联网存在形式与无线服务试点
里斯本	正在开发的项目以提高城市生活质量和将市民诉求视为积极的意见表达中心，涉及公共机构、私人企业、大学、研发中心、协会以及地方政府之间充满活力的合作、创造与决策过程，城市管理层面：努力改进公共交通系统，根据公共建筑和服务的能源使用情况对实时数据进行收集，允许对基础设施进行优化并对介入的优先顺序进行定义，参与式预算，用户如何表达对城市需求的意见以及如何为城市发展进行评估的项目，生活实验室方法

资料来源：Miller J D, Pardo R, Niwa F. Public Perception of Science and Technology: A Comparative Study of the European Union, the United States, Japan and Canada [M]. BBV Foundation Press, Madrid, 1997.

4. 积极开展智慧城市评估

随着智慧城市建设不断深入，国际智慧城市相关社会组织也在不断发展。各类社会组织在总结智慧城市发展经验、开展智慧城市发展评估、提出智慧城市发展新理念等方面进行完善和评估，以科学合理的引导和传播全球智慧城市发展。如纽约的智慧社区论坛（Intelligent Community Forum，ICF）开展智慧社区评估，重点从社区宽带连接、知识型劳动力、数字包容、宣传营销等方面加强对智慧社区建设进行评估。欧盟开展的《欧盟中等城市智慧城市排名》等方面，在引领智慧城市建设发挥了重要作用。此外，英国经济学家集团提出的数字经济衡量智慧城市发展，重点考察个人消费和商务应用、网络连接能力及技术基础设施等方面反映智慧城市的营商环境、社会和文化环境。

5. 智慧城市发展模式多样

综合来看，当前国外智慧城市建设模式主要有以下几种模式：一是非政府主导模式。该模式主要是在发达国家，在发达国家，经济实力、基础设施建设等，他们的科研能力都比较高，企业创新和科研机构的经济实力，都能分析和预见到智慧城市发展在未来的经济潜力。因而纷纷提出建设信息技术产业园区等。发达国家的政府为迎合信息技术的研发与应用，也制定了相应的优惠政策、法律法规来促进企业完成智慧城市开发建设。如瑞典的斯德哥尔摩的智慧交通，其建设开始是由 IBM 公司提出的，并在政府配合下完成智慧城市交通建设。二是政府主导模式。这一模式主要发生于发展中国家。由于发展中国家的经济实力、科研实力都比较弱，大多数企业在经济实力及发展意识等方面都与发达国家存在差距，企业在智慧城市建设方面主动性不高。在此背景下，政府发挥引导作用，制定优惠政策，拉拢企业和科研机构共同投资于研发高新技术。如马来西亚为迎接21世纪信息产业革命提出的"多媒体超级走廊"发展规划，促进了经济结构转型。三是政府和企业共建模式。这种模式比较适合于有着独特环境，历史文化因素的国家，如美国智能电网的建设。

（二）国内智慧城市发展模式

近年来，我国智慧城市建设进入到新阶段。目前，据不完全统计，我国一些城市的"十二五"规划及政府工作报告中，共有154个城市提出建设智慧城市的发展目标，41个地级以上城市在"十二五"规划或政府工作报告中正式提出建设智慧城市，80%以上的二级城市明确提出建设智慧城市的发展目标。2013年初，我国住建部公布首批90个国家智慧城市试点名单。总结我国智慧城市发展现状,主要有以下几种模式:一是全面发展模式,上海、杭州、南昌以全面智慧发展为方向,智慧城市建设离不开基础设施的智慧化升级改造和大规模应用新技术,重点在基础设施建设领域大规模应用物联网、RFID、新一代无线通信技术、云计算等智慧技术,以基础设施智慧化建设为引领,推进智慧城市建设。二是专业化模式。深圳、南京以科技创新为重点,智慧城市建设离不开物联网、云计算、大数据等新兴信息技术的大规模应用,将催生新一轮科技创新浪潮,以智慧城市建设为引领,能够有效提高城市创新能力和综合竞争实力;三是产业智慧化发展模式。武汉、宁波、无锡以培育智慧产业为重点,智慧城市建设将在研发、制造、服务等各环节催生一大批新兴产业,通过智慧城市建设,培育发展物联网、高端新型电子信息、云计算、智能装备制造等新兴智慧产业,抢占未来产业发展制高点;四是以智慧应用的发展模式。佛山、昆山以发展智慧示范应用为重点,在部分医疗卫生等领域率先发展智慧示范应用,逐步深入推进智慧城市建设;五是智慧生活建设模式。成都、重庆以发展智慧生活为重点,在卫生医疗、教育培训、社会保障、环境保护等领域率先实现智慧化,最终全面实现城市智慧生活。

(三) 全球智慧城市建设的新做法

智慧城市战略优势在于物联网、云计算、人工智能等先进信息和通讯技术在城市的广泛运用,将人、商业、运输、通信、水和能源等城市运行六大核心系统整合起来,以实现城市智慧化运行和催生大规模新兴产业。从总体上看,全球智慧城市建设呈现以下新趋势:

1. 两种思路建设:广义智慧城市和狭义智慧城市

智慧城市发展思路有广义和狭义之分,不同国家和地区根据自身情况分别采用不同的发展思路。广义智慧城市发展思路是贯彻智慧增长的发展的理念推广。在发达国家的城市,欧洲城市普遍接受智慧增长的理念。如维也纳城市,就是强调将智慧增长理念贯穿于整个城市的各个领域。在这种广义智慧城市发展实践中,智慧创新的方面均会得到合理采用。在狭义智慧城市发展理念,重点是强调技术导向的应用性。在发展中国家或新兴经济体城市中比较容易接受狭义智慧城市发展理念。主要在于:一是应用示范的效果非常明显。二是智慧技术应用与社会的实际需求相一致,达到供给与需求相符。智慧技术的应用在短期内可以形成产业发展的拉动力。如新加坡提出到2015年打造"智慧国"的战略,其主要内容是通过建立无处不在的信息网络,促进电子信息与通信产业。

2. 两种模式主导：政府主导模式和社会主导模式

当前，国际国内智慧城市建设模式上主要有两种模式：两种模式都强调公私合作、政企联盟。具体表现在政府主导模式、社会主导模式及合作建设模式。政府主导模式，是一种自上而下的，政府主导发展战略，是一种正式的、由内向外实施的战略计划。计划主要是由政府部门或者是大都市区的部门资助和管理，为城市公共部门和开发机构建设更有效率的基础设施和服务的智慧城市建设的方法和思路。该模式能够充分发挥政府的领导能力，提供公共服务产品，为智慧城市创新发展战略提供良好的发展环境。如数字城市战略包括 IP 网络基础设施、E－政府电子政务 2.0 以及城市规划、交通、社保、教育、设施、建筑等建设过程和系统的数字化，都由政府主导发展。而社会主导模式是一种自下而上的发展模式，主要是基于市场经济条件下，由私人机构、社区组织、大学及其他创始者发动的由外及内、突发性的创新活动。政府参与和投资比较少，且政府的投资多应用公共 ICT 平台和解决方法等方面的公共服务领域。在社区生活中提倡自我服务和合作生产，强化社会资本建设和推进数字融合。

在数字社会建设中政府主导或社会主导的模式中，智慧城市建设行动主要包括城市活动论坛、城市服务接口、地方营销网站、支撑网络、志愿者网络、集体行动论坛、汽车分享网络、社会创新孵化器、数字融合项目以及社会网络平台的应用和推广。如芬兰的赫尔辛基 Arabianranta 项目，主要是由赫尔辛基经济和计划中心协调和管理，其还与许多私人企业成立合资企业，包括诺基亚、爱立信、摩托罗拉以及当地的电信企业 Sonera 等。而在政府带头，私人企业参与的发展过程中，新加坡的智慧城市建设体现明显。在新加坡政府制定的 One North 项目，具体就是由 JTC Corporation 公司负责建设，JTC 是新加坡贸工部下属的官方机构，是新加坡最大的工业地产发展商。在 One North 项目中，JTC 主要负责基础设施的建设，开发 20% 的土地，而 80% 的项目开发则交由私人企业进行。在阿联酋 Masdar 城，也是由政府机构阿布达比未来能源公司统筹规划，合作对象有世界野生动物基金会、美国麻省理工学院、英国 Forter 建筑设计与城市规划公司等。电信企业投资开发并作为新技术试验，如德国的 T－city 是德国电信进行的大规模生活实验室计划（2007—2012），旨在研究现代信息通讯技术，示范如何提高城市未来的社区和生活质量，计划汇集了阿尔卡特集团、三星集团、德国城镇发展协会、波恩大学等组织。

3. 多元化应用推进：经济社会民生智慧化发展

智慧城市建设在应用上，主要是在产业发展、公共服务及管理等领域。

在经济发展方面，强调智慧型产业发展，带动城市产业结构转型升级，如通过信息技术在生产领域的应用，提高信息化对经济发展的贡献率，转变经济增长方式和结构。智慧产业发展的平台主要是在新的工业园区和卫星城市建设中，将信息化技术应用到园区建设及各项服务平台，提高企业的服务效率。如在我国的苏州工业园区，2009年，制定了2009—2011信息化三年行动计划，计划大力推进无线园区、智能公交、数字城管、公共信息屏等信息化发展项目，促进园区智能化发展。

在公共服务领域，智慧服务发展就是利用信息化技术，提高公共服务效率和居民生活的便捷性，重点在就业、医疗卫生、交通运输、城市管理、安全监管等方面的智慧化建设。如在韩国的松岛、越南的胡志明市及美国的迪比克等城市，以泛在计算和信息通信技术为基础，将信息化技术融入城市的各个领域，构建在任何时间、地点和电子装置等可以随时获得信息和服务的环境整体为其发展目标。

在资源服务领域，智慧城市建设侧重于优化城市生态环境，充分挖掘利用各种潜在的信息资源，加强对高能耗、高物耗、高污染行业的智慧化监管，并利用信息技术改进监测、预警手段和控制方法，从而促进城市合理调配水、电力、石油等资源，促进城市资源供给平衡，实现资源节约型、环境友好型社会和可持续发展的目标。典型城市如拉瓦萨、无锡等都提出将生态、环保城市建设与物联网等信息技术结合发展的目标。

4. 两种发展路径：新城智慧化建设与旧城智慧化改造

新城和旧城是当前智慧城市实施的重要载体。当前，大部分城市将推动数字城市、信息化城市的升级发展。智慧城市建设不可能全面实行新建开发模式，大部分地区的智慧城市建设将采用升级改造模式。新城的智慧化建设主要是在新兴经济体国家采用。如松岛、拉瓦萨、马斯达尔、普兰爱提谷、斯科尔斯沃及纳米等城市，在新城建设中的交通、电力等基础设施，采用先进的电子信息、网络技术及节能环保技术，进行整体规划建设。在旧城改造中，主要是在发达国家，具有代表性的是美国的迪比克及荷兰阿姆斯特丹等城市。利用现有基础设施，通过向其实施加传感器以及控制设备改造，提高城市的能源效率。此外，欧洲许多智慧城市的老工业区，也实施智慧化建设，推动老工业区转型成为新的知识经济中心。

二、广州建设智慧城市建设现状及面临问题

(一) 广州智慧城市建设现状

广州市第十次党代会提出了构建智慧城市"树型"框架要求,在电子政务、公共安全、城市管理、智能交通、智慧医疗、电子商务等领域,较好地应用了物联网、云计算、宽带泛在网络等新一代信息技术,走在全国前列。国脉互联智慧城市研究中心独家发布了《2012中国智慧城市发展现状和趋势预测研究报告》和《2012年中国智慧城市发展水平评估报告》,排名前10名的城市(地区)依次为无锡、广州、浦东新区、扬州、宁波、佛山、北京、杭州、上海、深圳。

1. 基础设施智慧化建设成效显著

自智慧广州战略实施以来,广州在普及新一代通信技术、无线网络全覆盖、云计算平台建设等领域不断加大建设力度,基础设施建设成效显著。光纤到户工程大力推进,全市主要商业楼宇和1146个村镇以及新建住宅小区全部实现光纤接入。家庭宽带普及率超过70%,城市家庭平均接入带宽超过8兆位每秒,部分地区可提供10~100兆位每秒的接入速率。全市互联网普及率达到81.4%,实现全市超过2400个楼盘和小区光纤覆盖,光纤覆盖用户达到350万户,平均接入带宽速率达到每秒6M以上。3G网络实现城区全覆盖,建成无线城市WIFI热点14.5万个,WALN接入点达32.04万个,大力推进以第四代移动通信(TD-LTE)网络建设,建成TD-LTE基站3500个,规模居全国前列,将381路公交车打造成广东省内首个TD-LTE公众体验项目。电信沙溪云计算中心、移动南方基地云计算中心、联通国家数据中心、中金广州云计算中心、亚洲脉络(广州)云计算中心、新科佳都广州云计算中心等作为支撑国家创新型城市和智慧广州建设的重大战略性基础设施,建设进展顺利。

2. 信息化资源整合力度大

随着智慧广州建设不断深入,不同部门之间的信息资源整合力度逐步加大。广州已初步建成了以行业基础数据、分类数据、对外服务特制数据等为主体的信息资源目录体系,数据主体达到596个。建成了包括1789万自然人、116万机构和个体法人的自然人与法人基础信息库,涵盖80多个专题图层的地理信息空间基础数据库。作为政府信息共享交换平台,至2012年市电子政府数据中心已接入68家单位,累计交换数据超过25亿条,支撑企业共享、综合税务管理、流

动人口管理等近20多个跨部门专题应用。

3. 政府应用信息体系基本完善

政务公开、公共服务、网上办公、业务办理等政府应用信息体系基本完善，逐步进入深化应用和高效整合新阶段。截至2012年底，智慧政务已实现1483项政府服务网上办理，其中1386项与广东省网上办事大厅实现无缝对接，571项面向企业和市民的服务事项实现全流程网上办理，行政许可网上办理率超过90%，全市49个部门1276个办事和服务事项，12个区（县市）4462个办事和服务事项进驻网上办事大厅。通过大力实施智慧政务累计减少市民和企业上门办事次数4126万次，节省时间1.2亿小时，节约社会成本1.6亿元。

4. 社会管理智能化发展明显

社会管理智能化作为智慧广州建设的重要环节，在城市综合管理、市政设施监管、规划审批管理等方面的智能化发展明显。目前，广州已建成统一的社会治安视频监控业务专网以及26.8万个视频监控点，成功打造社会治安视频监控管理平台，构建涵盖城市井盖、路灯、广告牌匾、果皮箱、公共厕所等多类公共设施。积极探索利用物联网、RFID等技术开展城市井盖、垃圾压缩站、垃圾填埋场等重要设施的智能监管，初步建成广州城市管理信息资源库。在南沙区实施的智慧照明系统项目获得2012年世界智慧城市大会创新类决赛奖。市规划局通过广州市建设项目审批信息共享平台，对广州规划信息进行收集，建立全市规划审批数据库。此外，还组织一批物联网应用示范项目，从港口物流、车辆管理、食品溯源、智能卡、地质监测等领域入手开展智慧城市试点建设，探索"技术研发—产业化—应用推广"的全链条发展模式。

5. 公共服务智慧化建设逐步推广

随着RFID、智能芯片、卫星导航等新技术在公共服务领域大量应用，公共保障服务智慧化建设不断深入推进，逐步建立起较为完善的智慧化公共保障服务体系。在社会保障服务领域，广州已获批为国家金融IC卡多应用试点，2012年新增市民卡申领人数341万，累计达550万。目前已经实现社会保险、医疗卫生、住房公积金、老年人优待、图书借阅、金融等共8个业务领域的推广应用。此外，通过智慧生活行动、智能家居、智能建筑、智慧社区等示范工程以及智能水网、智能环境等，着力营造智慧的生活环境和生态友好型的人居环境。智能交通方面，手机"行讯通"为市民提供路况信息、实时公交、停车服务、的士查询、出行规划等信息服务；在全国大城市公安机关中首创推出手机"警民通"，提供全市路况地图、交通信息、交通违法查询、出入境办理等智能化服务。

6. 智慧型产业发展初具规模

智慧型产业的培育和发展是智慧广州建设的重要目标,电子信息产业、软件和信息服务业等产业呈现高端化发展趋势,智慧型产业发展初具规模。2012 年,广州电子信息制造业产值 2374.50 亿元。广州移动互联网产业基地、广州新一代通信设备和终端制造业基地、广州物联网产业基地、广州平板显示产业基地、广州数字家庭基地等成功成为省战略性新兴产业基地。软件和信息服务业保持良好发展势头,2012 年 11 月,广州被国家工信部授予"中国软件名城"称号,成为继南京、济南、成都之后的中国第四个软件名城。2012 年,广州实现软件信息服务业总收入 1351 亿元,有 17 家企业进入国家规划布局内重点软件企业,3 家企业名列全国软件百强,41 家企业入选省软件和集成电路设计 100 强培育计划。特色产业园区发展较快,认定了移动互联网、数字家庭、电子商务、云计算、物联网、集成电路设计等 10 多个专业化园区。

7. 智慧技术研发进展顺利

智慧广州建设以来,通过设立科技攻关项目、科技重大专项、承接国家重点课题等形式积极开展和部署以新一代宽带移动通信、高端芯片和软件、信息服务、云计算、下一代互联网、物联网、智能装备等为重点的智慧技术专项公关,智慧技术研发进展顺利,取得了初步成效。通过设立科技攻关项目开展城市路网交通均衡及诱导平台、下一代移动通信网络家庭基站产品研制等 11 个科技专项研发;通过设立科技重大专项支持电子商务和移动互联网、物联网、新一代宽带无线移动通信、云计算、智慧城市试点、数字电视和数字家庭等六大领域共 83 个项目的创新研发,成功研发出具有国际水平的 CPU 芯片、超高速无线局域网芯片和通信计算机一体化芯片,AMOLED 显示屏技术取得重大突破,北斗多模导航型射频芯片技术全国第一;通过积极争取国家、省重大科技专项,承接一批国家重点科研项目,先后获得工信部物联网发展专项资金 700 万元,获得省高新技术产业开发区发展引导专项资金 1960 万元,支持物联网、智慧交通、RFID 芯片等关键领域的 19 个项目攻关。从总体上看,广州市在新一代移动通信、平板显示、数字家庭、集成电路、应用电子等领域逐步涌现出一批掌握核心技术的龙头企业,包括京信通信的无线覆盖和传输技术、乐金显示(广州)有限公司的平板显示技术、国光电器公司的数字试听技术、安凯(广州)微电子技术有限公司的应用处理器芯片技术、新岸线公司的芯片处理技术、海格通信的军用无线通信和导航技术等,在国内具有较强竞争力。

8. 智慧城市载体建设步伐加快

智慧示范区作为智慧广州建设的突破口，在智慧广州建设过程中扮演"排头兵"的重要作用，建设步伐不断加快。天河智慧城、国际创新城、番禺数字家庭示范区、中新广州知识城、黄埔智慧港、智慧乡村等智慧城市载体建设步伐不断加快。其中以天河智慧城市建设力度最大。天河智慧城发展策略研究和概念性城市设计方案、天河智慧城区域的产业发展规划均已编制完成，天河区与神州数码、华南理工大学、闪联确立了战略合作关系，共同筹建智慧城市广州研究院，并由研究院组建"天河智慧城建设专家咨询委员会"，已与三大电信运营商达成建设光网城市和无线城市协议。截至2013年上半年，天河智慧城已汇聚了37个智慧产业龙头项目，总投资额超过300亿元的智慧城产业基地进展顺利，中国移动南方研发基地等9个项目进展顺利，广州超级计算中心等6个项目即将动工，云计算产业园等4个项目正在进行前期工作，全球首创国家一类新药凯力康等6个项目也已立项。智慧广州体验示范基地已完成总体规划的编制和体验展示区的细化设计并确定汇景新城、穗园小区、南国花园等7个社区为首批智慧社区试点。为加快推进智慧产业集聚，天河区正大力建设智慧广州体验示范基地、智慧南方二期、网易智慧谷、电子商务智慧园、智慧产业孵化中心二期等重大产业项目。同时，天河区还在推进智慧城管和智慧商务系统建设，为实现城市管理和商务管理的智慧化提供示范。

（二）面临主要问题

1. 智慧技术研发投入和技术创新有待加强

以物联网、智能芯片、云计算等为重点智慧技术创新是未来智慧广州建设的关键支撑，从总体上看，目前广州在研发投入和技术创新有待加强。广州2012年的研发投入等位在全国主要城市中排名靠后，科技创新效率和质量与全国先进城市相比也存在较大差距，高新科技产品的贸易竞争力偏低等。虽然广州于2012年获称中国十大创新型城市、中国软件名城和智慧城市领军城市，但较之北京、上海、天津、深圳、苏州等与广州经济实力相当的城市，还存在不少差距。广州2012年的社会研发投入强度为2.26%，仅达到了国家创新型城市建设的最低标准，而同期北京达到5.79%、上海达到3.16%、天津达到2.7%、深圳达到3.81%、苏州达到2.6%。在专利和发明专利单位产出率方面，广州分别达到了72.3件/亿元、13.2件/亿元，但与北京、深圳、上海、苏州依然有较大差距，如深圳这两方面的数据达到了98.6件/亿元、26.6件/亿元。

在物联网、云计算等关键智慧技术领域与国内先进城市相比还有不小差距。在物联网技术方面，广州市虽然已培育了中大微电子RFID芯片、海格北斗卫星导航芯片，但离大规模产业化还有一定距离。目前我国传感器技术主要集中在陕西省以及东部沿海地区，RFID芯片技术以上海、深圳为主，GPS核心技术主要集中在上海、深圳、北京，视频监控技术主要集中在杭州、深圳。虽然广州已有广电运通、高新兴、海格、智光电气、中海达、安居宝等一批物联网领域的企业，但这些企业涉及领域较小，发展潜力不大，缺乏类似华为、中兴等规模较大的龙头企业。在云计算方面，广州市从事相关研发的企业主要有杰赛、品高等少数企业，而且与华为、浪潮、阿里巴巴、腾讯等企业相比，实力和规模都存在较大差距。

2. 信息化设施建设需加大建设步伐

作为国家三大电信出口、互联网出口和互联网交换中心之一，广州的信息化基础设施建设起步较早，广州市互联网国际出口带宽达到了650 Gbps，互联网出口带宽占全国58%，3G网络覆盖率超过95%，但宽带上网平均速度偏低、光纤到户工程建设步伐滞后、新一代宽带移动通信网络普及步伐缓慢等问题较为突出。与国外先进国家和城市相比，广州的宽带上网平均速率仅为3.4 Mbps，低于韩国的13.7 Mbps和美国的5.1 Mbps，也低于上海的4.28 Mbps。2012年广州光纤到户覆盖用户数为270万，与上海的430万户和北京的360万户还存在不小差距。由于不同运营商的恶性竞争，新一代宽带移动通信网络基站建设由于基站选址、维护等问题的存在，导致难以快速扩大网络覆盖率。

3. 智慧化应用有待进一步深化

广州的智慧化应用水平与实际管理服务需求之间存在差距，智慧化应用还有待进一步提升和深化。智慧政务与社会期望存在差距，广州1200项政府服务事项中，20%实现了网上申请，45%实现了网上查询，仅有571项实现了全流程办理，企业和市民办事不便的困难还没有得到根本解决。政务信息化管理体制与智慧广州的要求不相适应，目前各部门智慧政府建设普遍采取自建模式，重复投资、信息孤岛等问题突出。不同部门信息资源共享不足制约跨部门业务的协同处理，阻碍了智慧政府服务水平的提升。城市智慧化管理模式创新不足，广州目前城市管理仍然集中在分散管理模式，动态化、协同化、智能化管理方式有待进一步提升。

4. 智慧产业有待进一步发展

从总体上看，电子信息制造业、软件和信息服务业等与智慧产业密切相关的产业总体规模不大，与上海、北京、深圳等先进城市还存在不小差距，有待进一步发展壮大。2012年，广州市电子信息制造业产值2374亿元，同期上海为6791亿元，深圳高达11360亿元。广州市的软件和信息服务业收入为1351亿元，而同期的北京为3612亿元，深圳为2621亿元，上海为2087亿元，南京为2076亿元，差距较为明显（见表5）。龙头企业少，广州市入选全国2012年电子信息百强的企业只有广州无线电集团1家，而同期深圳有15家深圳企业入选；2012年全国软件百强企业，广州有广电运通、北明软件、海格通信、理想电子、杰赛科技等5家企业入选，同期深圳有6家入选而且排名较好，排名第一、第二的企业均为深圳企业，北京有30多家企业入选。广州智慧产业结构也有待提升，前20家企业产值占总产值不足70%，而且仅有两家是国内企业，超过一半的企业主要从事代工业务，处于产业链的低端。

表5 2012年广州与主要城市的软件信息服务业比较单位

单位：亿元

城市	企业个数	软件产品收入	信息系统集成服务收入	信息技术咨询服务收入	数据处理和运营服务收入	嵌入式系统软件收入	IC设计收入
北京市	2752	1326.47	912.63	318.41	950.58	80.44	23.53
深圳市	2142	1084.92	431.82	46.47	342.66	698.19	16.99
上海市	2300	739.002	446.00	245.00	366.50	105.00	185.00
南京市	1900	716.22	519.00	188.91	230.44	396.52	24.91
广州市	1409	381.18	182.47	299.16	410.24	54.54	23.55
成都市	826	503.07	218.14	161.89	303.39	41.87	44.47
杭州市	650	347.39	171.69	34.36	369.26	257.69	10.73
沈阳市	1850	312.27	357.20	99.53	117.88	186.10	19.29
济南市	1230	402.05	200.12	248.95	99.74	57.24	2.87
大连市	1275	354.13	122.29	173.05	192.23	82.12	3.03
青岛市	281	30.945	90.98	79.01	88.96	223.56	17.84
西安市	1160	145.10	154.80	126.00	21.50	53.20	23.80
天津市	535	116.35	51.02	62.37	31.15	164.15	88.53

5. 智慧城市建设力度有待强化

智慧城市作为广州"十二五"及未来发展的重大战略目标，需要高标准、高规格统筹全市资源和力量进行建设，在支撑机构力量、专项资金支持、体制机制改革创新、监督考核等领域的力度有待进一步强化。目前，智慧广州建设的支撑机构力量较为薄弱，广州尚未成立支撑智慧城市规划和标准制定的研究机构，而上海则成立了智慧城市建设促进中心，宁波成立了加快创建智慧城市建设的专家咨询委员会。资金保障力度不够，广州还没有设立专项资金来统筹推进智慧城市重点项目建设，而宁波每年安排5亿元专项资金支持智慧宁波建设。存在管理和组织体制障碍，如天河智慧城管理体制存在明显缺陷，天河科技园管委会的权限不足，难以统筹全市相关资源集中力度开展建设，黄埔智慧港、数字家庭（番禺）示范区等智慧城市综合示范区建设都存在类似问题。监督考核机制尚未建立，智慧城市是一个浩大的系统性工程，涉及多个职能部门，需要各级政府部门的大力支持和配合。而目前智慧广州建设的考核体系还没有建立，导致部分建设项目立项后建设进程缓慢，难以有效推进智慧广州建设项目。

三、对策建议

（一）加快智慧城市建设释放"发展红利"

1. 智慧城市建设引领城市经济增长

广州要把握世界城市发展的前沿，通过高端顶层设计，利用智慧城市建设加强对城市基础设施前瞻布局，对先进技术和人才的战略投资，对更多服务型工作岗位和有竞争力的现代信息服务行业的创造，从而释放智慧城市带来的"发展红利"，引领城市经济发展。智慧城市建设将会带动一大批具有广阔市场前景、资源消耗低、产业带动大、就业机会多、综合效益好的产业发展。据世界银行测算，一个百万人口以上的"智慧城市"的建设，在投入不变的情况下，实施全方位的智慧管理，将能增加城市发展红利2.5～3倍，这意味着"智慧城市"可促进实现4倍左右的可持续发展目标。

2. 依托智慧城市发展推动城市变革

智慧城市是虚拟经济与实体经济相结合的产物，推动城市范围内生产、生活、管理方式和经济社会发展观发生前所未有的深刻变化，在很大程度上可以减少和节约城市中各种物质和能源的投入，减少资源和能源的消耗，减少城市环境污染，使市场配置资源的效果进一步改善，劳动生产率进一步提高，走出一条科技含量高、经济效益好、资源消耗低、环境污染少、人力资源优势得到充分发挥的全新发展形态的城市化道路。

（二）加强智慧载体建设与智慧产业融合发展

广州智慧城市发展不仅要"建城"，还要创造高端智慧产业，通过集聚智慧产业创新人才，发展智慧城市核心技术。借鉴欧美发达地区智慧城市发展经验，广州要探索一条智慧城市建设与智慧产业融合的发展路径，将新型城市化道路与智慧产业发展和谐、高效地结合起来，促进城市跨越式发展。

1. 着力打造广州智慧谷

高起点、高标准地推进天河智慧城、广州创新城建设及科学城的产业升级，按照智慧城市建设基础信息科技需求，加强信息基础设施建设，推动三大载体之间实现功能互补与协调，形成广州物联网、泛在网、移动网的研发、制造和运营中心，成为体现广州科技创新之谷——智慧谷。并依托三大智慧载体，加强科技创新，重点发展下一代互联网技术、无线射频、大型集成电路、新型显示、新一代移动通信网络、高端制造与数控装备制造业等高新技术产业，并打造国家级战略性新兴产业基地。通过科技、科研的融合与渗透，促进技术创新，从而形成高新科技与智慧城市建设融合发展的新路径。

2. 打造广州云谷

云计算与云服务是智慧城市核心产业之一。广州发展云计算具备一定的基础与区位优势，广州是全国三大信息枢纽之一，2011年广州市信息化综合发展指数达到0.95，信息服务业的快速发展为云计算的大规模应用提供了产业化条件。广州要充分发挥此基础优势，积极实施推进"天云计划"，重点推动广州软件园、天河科技园、黄花岗科技园、民营科技园、南沙资讯园、五山科技园等园区产业转型升级，规划和布局云计算平台技术和云计算服务等重大项目和技术，利用智慧城、互联网及软件行业的交叉融合，打造基于云计算与云服务的新型软件服务产业集群，构建广州云谷。

3. 构建智慧城市示范区

广州正全力推进"123"城市空间转型升级，城市空间结构要将智慧城市建设与老城改造、新城建设进行融合，打造智能交通、智能电力、智能物流、智能监控、智慧社区等城市公共资源系统，并构建智慧城市实验区和示范区，开拓一条由点到线、由线到面，逐步覆盖全广州的智慧城市建设之路。在旧城改造中，开展智慧社区建设试点,提供高科技服务功能;在新城建设中,加强信息化基础设施全方位部署,高标准建设基础设施。

4. 打造广州智慧商贸平台

互联网与传统商贸产业融合发展,是广州智慧城市建设与智慧产业发展的核心内容之一。广州具有悠久的商贸历史文化,当前商贸产业正处于转型升级换代的关键时期。要抓住智慧城市建设的契机,融合互联网技术、电子商务、智慧城市与传统商贸产业,打造广州智慧商贸平台,走新型网上、网下"O2O"(Online to Offline)商贸一体化发展之路。融合网络虚拟技术与广州千年商都的文化传承,打造网上商贸服务业。

5. 打造知识性服务产业新高地

智慧城市建设与文化创意产业、教育、科研等知识性产业融合,能够衍生大量智慧产业,如网络金融、新型数字媒体、网络动漫和智慧教育等产业。当前广州正全力推进中新合作,共推中新知识城发展。广州要将智慧城市建设与中新知识城建设充分融合起来,加强产业培育,利用智慧城的集聚能力,推动中新知识城智力资本的集聚发展,加强原创性、知识性项目的投入,推动知识创新与创造,利用网络创新沟通方式,构建中新知识城的传播平台,全力推动知识城与智慧城融合,打造广州知识性服务产业新高地。

(三)创新智慧城市投资运行模式

智慧城市建设的本质就是为了更好地开展公共管理服务,使政府提供的公共管理服务与地方政治、经济、社会、文化、生态契合一致。因此,智慧广州建设必须由市政府主导并发挥其"经济调节、市场监督、社会管理和公共服务的职能"。

1. 加强规划设计,强化系统谋划

战略、规划、计划、方案等顶层设计工作是广州在创建智慧城市中首先需要解决的问题,直接关系到建设起点、建设目标、建设内容和建设路径。要通过认真的调研分析广州深入建设智慧城市所具备的条件、存在的主要问题,综合考虑发展地位、地区优势,制定广州智慧城市建设发展战略、长期规划、年度计划、建设方案,明确年度、"十二五"期间和更长时期的发展目标和重点,增强系统部署智慧广州建设、谋划广州未来发展的能力。

2. 加强资源整合,强化统筹协调

随着物联网、云计算等新技术创新应用引发部门间分工不断演进,造成资源

和利益的重新配置，而新信息技术又为部门间协调配合、资源共享提供了可能和手段。智慧城市的各类应用项目都要不同部门密切合作和建设成果的共享共用，因而对部门间的分工合作、业务协同要求较高。因此，智慧广州建设既要优化配置现有资源，又要进一步完善和优化原有的工作流程和管理流程。要按照"一体化、联动性"的要求，对智慧广州项目进行分类分层次，强化统筹协调、条块结合，形成既鼓励区（市）错位发展形成特色，又确保资源充分整合、协调有序推进智慧广州建设的良好局面。

3. 加强政府主导投资管理，多家城市开发公司合作开发模式

城市开发市场化运作已经相当成熟。在智慧城市建设的进程中，特别是在先期试点的过程中，推行公私合作、政企联盟以谋求投资的多元化、技术的完善化等都是非常有必要的。从国际已有智慧城市的开发运作模式看，公私合作、政企联盟亦有多种模式。因此，建议广州智慧城市建设采用政府主导投资管理，多家智慧城市方案提供商合作规划开发的模式。在具体运作过程中，由政府成立智慧新城建设开发公司，并通过财政拨款、发行债券等手段广泛利用多元化资金来源进行投资建设，并可以通过股份合作模式与国内外其他企业合作开发，特别是国际知名的城市开发管理商。但在智慧城市方案规划设计的过程中，必须坚持国内智慧城市方案提供商主导、国际智慧城市方案提供商参与的多元合作模式，以保障城市信息安全。

（四）强化体制机制创新

在深入建设智慧广州过程中，要确立更加开放、更加高远的指导思想，重视体制机制改革创新。智慧广州建设作为一项战略性、全局性工作，创新体制机制是确保各项工作取得实效的关键所在。

1. 强化领导和协调机制

智慧城市建设内容涉及政府管理、公共服务、城市管理、社会民生、经济发展等，需要建立由市领导亲自督办、各部门领导直接参与的领导机制，统筹资源，协调联动，齐抓共管。对天河智慧城市、国际创新城等示范区，适当进行经济管理和财税体制创新，市一级政府下放一定权限，重点解决土地开发、市政建设投入以及市区财税分成等。

2. 建立绩效考核机制

借鉴国际先进的智慧城市评估经验，同时参照《国家智慧城市（区、镇）试点指标体系》定期开展智慧城市评价考核，落实规划中各项工程建设任务，需要在责权利统一、明晰的基础上，建立相应绩效考核机制，争取将有关指标纳入领导干部落实科学发展观的考核体系之中。

3. 建立政策扶持机制

编制实施智慧城市建设专项资金管理办法，统筹智慧城市建设资金，要建立和健全智慧产业投资机构，组建智慧产业风险投资基金，加强智慧科技产业风险投资的宏观管理，创新政府扶持资金的有效动态支持机制，建立在投融资、税收、产业发展、本地化服务、知识产权保护等领域的保障扶持政策。

争取国家在税收、审批等方面的政策支持；推进制度创新，吸引智慧产业进驻，产生集群效应，利用制度财富和政策红利等制度因素加快智慧产业集聚步伐。广州是改革开放的"领头羊"，需要在制度领域大胆创新，在公司注册、治理制度、股权结构、产权转让与土地租用等方面进行改革尝试。

4. 优化项目建设机制

新技术应用发展，先期需要依靠政府引导与支持，而项目的社会化、长效化运作机制以及动员社会各界力量共同建设才是智慧项目建设的有效机制，营造有利于"技术研发—产业化—应用—推广"全链条发展氛围。

5. 强化决策咨询机制

加强研究咨询平台建设，积极探索建立开放合作的研究机制，开展针对广州智慧城市建设的研究工作。

6. 完善市场推进机制

着力发挥财政资金"杠杆式"引导作用，强化试点示范和综合创新能力培育工作，狠抓智慧应用市场开发与智慧产业发展联动机制建设，积极做到"开发一个系统，引进一个团队，推出一批产品，培育一个产业，创建一个基地"。

（五）加强人才聚集支持

智慧广州建设离不开各类专业人才的支撑，需要大力实施人才引进和培育工程。

1. 完善人才、创业、融资、教育等外部条件

继续做好中国留学人员广州科技交流会、留学人员创业园、科技孵化器等高级人才交流活动平台，出台优厚的人才引进政策，强化人力资本产权激励措施，鼓励专利、技术等要素参与分配，落实科研资助、创业扶持、子女入学、配偶就业、安家入户、住房解决、医疗保障等方面的优惠政策和配套措施。

2. 鼓励高校和研究机构针对智慧城市建设调整专业设置

加大物联网、云计算、智能芯片等专业人才培养力度。为中小创新型企业或个人解决融资与创业难题，鼓励大学生从事智慧产业创业实践，以更好地推动智慧广州建设。

（六）加强创新驱动

智慧城市作为新兴技术的集成应用，科技创新是智慧广州建设关键支撑。

1. 优化科技创新与政策体系

目前，广州大多数科技创新政策都明显缺乏力度，没有发挥出应有的引导与激励作用。在各城市激烈争夺高端科技创新资源、高层次创新创业人才的氛围下，广州必须推动科技创新政策体系从"有无"到"优化"的快速转变，真正解决当前广州对全球优质创新资源吸引力不够、对本地企业创新投入激励力度不足等一系列问题。

2. 加强关键技术研发攻关

重点发展下一代互联网技术、无线射频、大型集成电路、新型显示、新一代移动通信网络、高端制造与数控装备制造业等高新技术产业，组织实施重大智慧技术攻关，持续实施高新技术行业领军企业培育工程、科技企业上市工程和科技小巨人工程，坚持自主创新发展之路，在吸收、消化的基础上，实现广州本土智慧型企业自主创新，加快打造具有行业标杆性的、具有国际影响力的高新技术产业龙头企业，快速确立广州在全国智慧新兴技术领域的高位。

3. 加强科技合作交流

以全球性视野，加强与国际龙头智慧企业的交流和合作，同时根植于本土的传统优秀文化，开发符合自身特设产品与服务，树立广州品牌形象，保持智慧城市时代的科技竞争优势。

课题组成员： 陈来卿　巫细波　陈亚鸥

加快推进广州两个新城区创新发展研究

当前城市空间组织正从单一城市转向城市区域、大都市区转型发展,而新城建设正是推动大都市区空间结构形态完善的重要举措。广州国家中心城市建设正进入"产业转型、空间转型"的大都市区发展新阶段,根据《广州市"123"城市功能布局规划》,广州要创新发展两个新城区(即东部山水新城和南沙海滨新城)[①]。两个新城区承载着广州发展的新希望,代表着广州的未来,也是未来广州发展的两个重大引擎。从发展远景看,广州两个新城区要努力建设成为全市开放合作的新平台、创新发展的新标杆、产业转型的新引擎、空间转型的新载体和经济增长的新主力。因而,如何顺应新城发展的规律,创新发展广州两个新城区,是广州建设国家中心城市的一项重要使命。

一、广州两个新城区现状及发展形势

(一)发展现状

广州两个新城区经过前期的发展,在经济发展、城市建设、社会管理方面都取得显著成效,主要表现在以下几个方面:

1. 经济保持较快增长

萝岗、南沙两个新城区依托国家级开发,大力推动经济发展,保持持续健康发展,经济增速在全市各区、县级市中的排名均位居前列,成为广州经济发展的重要增长极。2012年,萝岗地区生产总值达到1684亿元,与设区时相比(2005年)增长近3倍,占全市比重从11.23%上升至12.4%,规模以上工业总产值(占全市29.5%)、合同利用外资(占全市30.3%)、实际使用外资(占全市29.5%)、出口总额(占全市27.3%)、一般财政预算收入(占全市10.0%)等

---

① "两个新城区"是指广州市"123"功能布局规划中的东部山水新城和南沙海滨新城。其中东部山水新城范围除萝岗区外,还包括增城的职教城等地区;但东部山水新城主体部分目前主要在萝岗,故文中设计东部山水新城的内容主要是以萝岗区、广州开发区为研究对象。

5项指标总量继续排名各区县首位。东部山水新城的增城部分、中新镇和朱村街2012年工业总产值分别为96.1亿元和58.5亿元,比上年分别增长23.85%和24.13%;固定资产投资分别为21.3亿元和5.3亿元,增长速度分别为18.03%和35.57%,增长速度较高。南沙新区获批为国家级新区,上升为国家战略,经济发展上新台阶,发展潜力快速凸显。2012年,其地区生产总值增速达到813.56亿元,比上年增长10.2%,公共财政收入达到44.78亿元,同比增长23.12%。东部山水新城和南沙海滨新城在全市经济带动作用逐渐凸显,新经济增长极逐渐形成。

2. 基础设施体系框架基本形成

两个新城区战略性基础设施布局加速形成,基础设施网络覆盖体系不断完善。萝岗区以打造广州东部山水新城区核心区为契机,强化战略性基础设施建设,加快交通路网和生活配套设施建设,联接科学城、东区、萝岗、永和等各组团的区域主干路网体系已基本形成,加快推进与广州中心城区(母城市区)以及珠三角城市群路网的对接。协调加快推进地铁六号线二期工程建设,配合做好轨道交通知识城线、二十一号线和穗莞深城际线(新塘—白云机场)、云溪路西延长线、丰乐北快速化改造、九龙大道北延线等外围交通建设,加快行政中心区路网(二期)等区域性干道的建设。完善西区更新改造方案,围绕"两城一岛"核心布局,公路网、管道网、信息网等城乡基础设施融合度大幅提高。拓展镇(街道)、村公路的通达深度和广度,通行能力全面提高,城乡一体的基础设施网络加速形成,与广州中心城区形成配套互联。东部山水新城的广州教育城正处于规划建设的起步阶段,各项基础设施也处于加紧规划设计和建设过程中。南沙新区作为国家战略布局功能区域,战略性基础设施加快推进,区内及周边港口、铁路、机场、区域高快速路和对外通道等一批战略性基础设施近年来加快布局完成,基础设施体系加速完善,城市道路系统、轨道交通系统、公交设施、绿道系统已经覆盖城区,初步形成了"战略设施+基础设施"的协调发展设施体系。同时,南沙是连接珠江口两岸城市群的枢纽节点和我国南方重要的对外门户。空间优势叠加交通优势,珠三角枢纽中心雏形加速呈现。

3. 战略性平台建设加快推进

广州开发区、南沙新区两个功能区都担负着国家级发展平台的重要使命,"两区"积极开拓重大平台载体,以战略性平台为依托,重大项目为支撑,带动区域经济发展。萝岗区主动把握和顺应世界科技创新和产业转移的规律,科学推进"两城一岛"(中新广州知识城、广州科学城、广州国际生物岛)三大战略性发展平台建设，重点发展知识经济、生物医疗产业研发与先进制造业，打造优势互补的未来产业格局。东部山水新城的增城部分，将有6所高职院校、12所中职学校和6所技工院校共24所院校，广州市高技能人才公共实训鉴定基地将迁入广州教育城，从而成为具有岭南特色的山水田园型教育城。南沙新区定位为打造粤港澳全面合作示范区，根据《南沙新区发展规划》，"北部、中部、西部、南部"四大功能组团空间布局初步谋定，规划总面积33平方公里的中央商务区南沙明珠湾核心区已启动建设。依托四大组团，南沙新区将进入一个崭新的跨越发展阶段。

4. 现代城区功能初步形成

萝岗、南沙正加速推进由传统城市化向新型城市化发展的功能转变。萝岗突出从生产功能的外延发展模式向内涵发展与功能提升发展的道路转变，着力改变单纯工业园区建设形态，积极推动城区向宜业宜居生态型新城区的新形态转变，着力打造60平方公里的萝岗中心城区和中新广州知识城起步区。区财政投资基本建设414亿元，优化城市功能布局，推进区域路网和轨道交通建设，着力打造60平方公里的萝岗中心城区，目前已经聚集人口30多万人。完成了萝岗新城区34个重点项目建设，高标准建设了广州国际体育演艺中心、国际羽毛球中心、国际网球中心、美国人学校、日本人学校、广州市二中、中山大学附属第三医院岭南医院等一批现代化的体育、文化、医疗基础设施，大力推进"三旧改造"和园区产业转移工程，公共服务、商业服务、金融服务和生活配套设施不断完善。东部山水新城的中新镇和朱村街，也已具有一定的居住生活、教育和娱乐等城区功能。南沙新区，"十一五"时期以来，即围绕"南拓"战略部署和"打造提升科学发展实力新引擎"的工作要求，加快建设宜业宜居的现代化滨海新城区，以交通枢纽网络为骨架，文化、体育、医疗、休闲等民生功能设施合理分布的格局加快形成，宜居宜业的现代化滨海新城区初显雏形。

5. 生态文明建设取得一定成效

两个新城区一直秉持生态优先、绿色发展的理念，生态文明建设一直是两区的优势发展基础与条件。2012年，萝岗区森林覆盖率已经达到51%，天鹿湖等省市级森林公园总面积达2.67万亩。万元GDP能耗目前比全市平均数低，2010年已经达到0.546吨标准煤，已经达到我市"十二五"期末的万元GDP能耗目标（0.54～0.56吨标准煤），成为国家循环经济试点园区和华南地区首个国家生态工业示范园区。东部山水新城的中新镇和朱村街尚处于开发初期，生态环境整体保持良好，适宜建设山水田园的科技生活区。南沙新区致力于打造岭南特色的钻石水乡，自然条件优美是其重要优势。拥有滨海湿地、岭南水乡、森林公园等丰富的生态资源。2011年，全区绿地覆盖率达41%，2011年底获得联合国"全球最适宜居住城区奖"金奖，湿地生态保护荣获2011年联合国可持续发展自然项目类银奖。适应良好的自然生态条件特点，南沙开发提出了要实现经济发展与生态保护双赢的发展目标，要求成为人口、资源、环境和经济协调发展的典范。

（二）面临突出问题

总体上，广州两个新城区正处于发展的重要孕育期。东部山水新城的中新镇和朱村街，尚处于起步阶段。南沙虽有经济技术开发区的发展基础，但南沙新区的发展才刚刚起步一年。与国际国内新城区发展相比，广州东部山水新城和南沙海滨新城发展还存在一定的差距。从两个新城区的主体部分萝岗和南沙看，主要面临以下一些发展不足和问题。

1. 产业发展规模及高级化不足

一是产业经济总量不足。萝岗、南沙，无论是与市内的越秀、天河等区相比，还是与国内发达的天津滨海新区、上海浦东新区相比，经济总量还存在较大差距。2012年，萝岗地区生产总值达到1684亿元，不足滨海新区的1/4、浦东新区的1/3；南沙新区地区生产总值813.6亿元（含三镇），不足滨海新区的1/8、浦东新区的1/7。固定资产投资额、商品出口总值、规模以上工业总产值、公共财政收入等主要经济指标均远落后于滨海新区、浦东新区。二是服务业总量小。2012年年底，南沙、萝岗第三产业产值分别为180.5亿元和389亿元，分别占GDP的22.2%和23.1%，规模偏小，比重偏低，与中心城区天河、越秀相比差距比较大。此外，两个新城区产业链延伸不足，对现代制造业上下游相关产业的拓展不够深入，对第二、三产业的交叉融合发展推进力度不强，产业高端化需要突破。

2. 产业集聚基础相对较弱

一是产业整体实力较弱。萝岗重点发展先进制造业，形成电子信息、汽车、金属冶炼、生物、精细化工、食品饮料六大支柱产业集群，占全区工业总产值达80%以上，约为3600亿元。南沙形成装备制造业、船舶制造、化工制造业、农副食品加工等主导产业，2012年，四大主导产业实现总产值1357亿元。虽然萝岗东部山水新城区核心区已有电子信息产业一个千亿级产业集群；但与国内发达地区相比，两个新城区千亿级产业集群的数量偏少。如滨海新区的航空航天、电子信息、石化、装备制造、现代冶金、生物医药、新能源新材料、高新纺织等八大优势产业实现工业总产值达 12670 亿元，平均每个产业超千亿；浦东新区围绕"四个中心"大力发展的金融、航运等服务业增加值已经达到 3600 亿元，占新区 GDP 比重达到 60%。二是生产性服务业发展不足。2012 年，萝岗区第三产业占比 23.1%，南沙第三产业占比 22.2%，而其中金融、贸易、航运等生产性服务业发展比重更低。相比之下，滨海新区服务业比重接近 35%，且主要以生产性服务业为主导；浦东新区在金融、航运、贸易等核心功能推动下第三产业增加值占地区生产总值的比重达到 60%。萝岗、南沙与其相比，在产业整体竞争力与结构上都还存在较大差距。

3. 新城区基础设施和公共服务建设不完善

一是现有市政基础设施相对不足。路网密度不够，城区路网微循环不畅，主、次、支路结构失衡。污水处理能力不足，中水管网建设处于空白。垃圾焚烧处理能力不足，缺少餐厨垃圾、污泥处理设施，垃圾分类刚刚起步，减量化、资源化、无害化水平仍需提高。二是公共服务设施配套还存在较大差距。表现为总量不足，无法满足日益增长的生活需求。缺乏具有较高品位、体现区域特色的文体设施，没有高等级的医疗卫生机构。缺乏对高端人群具有较强吸引力的大型、高端业态的综合性商业设施，缺乏有特色的餐饮服务和娱乐场所，配套设施齐全的中高档社区不足。三是两个新城区与中心城区（母城）的联接程度较低。两个城区与中心城区的基础设施配套衔接还不够通畅，轨道交通衔接、公共交通建设还不完善，便利化程度低。两个新城区中心区到广州中心城区均需要 1 个小时以上；与中心城区联络的时间成本、资金成本还较高，也影响了人口向两个新城区的迁移和居住。

4. 土地资源制约日趋明显

两个新城区土地面积较大，但可用于开发建设用地瓶颈正在凸显。一是建设用地总量缩减。萝岗区全区土地利用强度日趋饱和，土地利用强度达到 29%，高于珠三角城市的平均水平，已接近国家规定的 30%。根据新一轮土地利用总体规划，萝岗区 2011 年至 2020 年全区可使用建设用地仅为 38 平方公里，年均仅为 3.8 平方公里；而 2009 年至 2011 年每年用地分别为 2.7、3.5 和 7.4 平方公里（均含知识城专项指标），随着知识城建设的深入推进，新增建设用地的缺口很大。南沙新区土地面积 803 平方公里，但农用地、建设用地、其他土地的结构比为 54.17：24.49：21.34，农用地超过一半面积。受到自然条件限制，南沙大部分土地为围海造田形成，不适用于建设重型及高层建筑。二是土地开发与管理政策相对不够灵活。萝岗区隶属于广州的行政区之一，区级土地管理权限低。南沙新区大部分土地多为农用地、集体所有土地、耕地与基本农田保护难度高、土地利用历史遗留问题较为复杂，征收为国有建设用地成本高昂，《南沙新区发展规划》虽明确提出支持开展土地管理综合改革，但尚未探索出行之有效的土地开发管理政策，土地交易的体制机制还不够灵活，束缚了土地资源开发。相比之下，滨海新区土地面积广阔，达2270平方公里，土地开发与管理政策更加灵活高效，出台了《天津滨海新区综合配套改革试验总体方案》、《滨海新区土地改革专项方案》、《总体方案实施计划（2008—2010）》、《滨海新区土地利用规划计划管理办法》，从政策上得到国家层面大力支持，创新了土地管理开发机制，对土地的征用、整理、计划规划、补偿、耕地保护、交易等各个环节均作出了统筹安排，土地瓶颈得到有效的解决。

5. 社会建设与管理亟须创新

一是在社会管理上，随着城市化进程加快和城乡一体化的推进，一些社会矛盾开始显现，社会秩序整治亟待强化，社会服务管理需要精细化。二是在社会运行机制上，存在部门各自为战、条块衔接不紧的现象，社会组织、非公经济等社会力量尚未充分参与到社会建设中来，需要建立社会建设的长效机制。三是社会民生事业投入不足。2012年，萝岗区本级民生和社会公共事业投入145.18亿元，南沙新区本级投入民生支出17.64亿元，与滨海新区投入民生领域支出766亿元、滨海新区民生投入累计249.43亿元的规模相比差距较大。

6. 新城区体制机制亟待理顺

新城区的体制机制当前还不够通畅，诸多关系尚未理顺，直接影响了新城区招商引资、项目安排、土地开发等经济发展各个环节，政府的积极干预主导作用未能充分发挥效率。在行政管理体制方面，两个新城区内不同行政级别的载体众多，如"两城一岛"在许多权限上属于省级权限、市级权限，南沙新区的诸多平台属于粤港澳两种制度与规则的结合，广州教育城的地域范围又属于增城市，而两个新城区的主体仅仅是广州下属的两个行政区。萝岗区与新加坡合作，南沙新区与粤港澳合作的经济体制、管理体制、新区开发体制、法律体制、营商环境对接等方面都还没有探索出合适的创新性制度安排，如没有相当于计划单列市产业管理权限和省一级的项目审批权限，行政运行成本高。广州市人民政府是南沙新区建设的主体，但其具体实施方案，专职机构等还未形成。另外，如何从省级，乃至国家层面协调南沙新区与周边区域的前海、横琴，以及珠三角三大都市圈的制度合作、经济合作等也需要体制机制的再创新。

（三）面临新形势

1. 国家中心城市建设要求新城区发展体现高端性

从国家中心城市发展的核心特征看，广州两个新城区未来发展必须体现出高端性。按照广州建设国家中心城市的发展方向，"十二五"规划确定了萝岗建设广州东部山水新城区的发展目标，南沙确立了建设成为粤港澳优质生活圈、新型城市化典范、以生产性服务业为主导的现代产业新高地。作为国家和地区城市的高端形态，需要在综合经济实力、城市能级、国际化程度、区域协同度、文化影响力等方面体现高端性，这就决定了两个新城区发展必须确立更高标准。经济上要进一步提升区域产业能级，强化核心要素和核心人群聚集，优化产业结构，提高控制力和辐射力。城市建设上要着力提高城市品位，塑造现代化、国际化的城市景观，完善基础设施和公共服务，打造高品质生态环境。文化建设上要着力培育以开放、包容、活力、时尚为特征的现代文化，构建现代都市文明和强大的地区文化软实力。

2. 广州城市发展的战略要求新城区建设体现综合性

广州市加快实施新型城市化发展战略，从拓展发展空间、疏解中心城功能、形成科学合理的城市布局，提出了城市空间发展的"123"战略，高度明确提出了加快两个新城区建设步伐。为此，萝岗、南沙两个新城区都提出了发展新目标，即萝岗区建设成具备相对独立的城市体系和产业体系的广州东部山水新城区核心区，实现区域综合性城市功能，成为带动中心城产业、功能和人口有机疏散的反磁力中心。南沙新城区则建设成为粤港澳优质生活圈重要节点、新型城市化典范、以生产性服务业为主导的现代产业新高地、具有世界先进水平的综合服务枢纽和社会管理服务创新试验区，成为粤港澳全面合作重要平台。这就要求两个新城区未来发展是综合性的，高端产业新城区、和谐宜居家园两者协同发展，要有业有城、宜业宜居、业城平衡、业盛城优，能够承担起广州国际交往的功能。

3. 新城区建设将承载着城市持续发展新希望

随着南沙国家级新区发展战略、广州城市东扩、萝岗中新知识城建设、广州教育城等发展战略的实施，新城区正成为谋求跨越式发展的着力点和新增长极，也承载着广州国家中心城市持续发展的新希望。面对新形势，东部山水新城必须抓住机遇，在三个方面取得突破性进展：一是借助"十二五"时期广州继续推进功能区发展的机遇，在经济总量、产业能级方面有所突破。二是抓住城市形象和公共服务这一软肋，借助基础设施和公共服务向新城区倾斜的契机，建设超强承载力和强大吸引力典范新城区。三是抓住社会服务管理创新这一新任务，完善社会治理结构，建设五大秩序，增强社会活力，建设和谐社区、和谐城市、和谐社会。对于南沙新区而言，要抓住国务院南沙开发上升到国家级战略机遇，努力在经济发展、社会管理、对外开放等方面取得新突破。

二、广州两个新城区创新发展的战略愿景和创新方向

（一）战略愿景

两个新城区发展承载着广州发展的新希望，代表着广州的未来，也是未来广州发展的两个重大引擎。未来新城区发展必须依托广州，服务珠三角，辐射华南，面向世界，成为增强广州国家中心城市地位、迈向国际先进城市的代表性、主力性新城区。综合目前萝岗和南沙新城区的发展定位，从区域合作、发展要素、产业特性、城市空间、经济功能看，广州"两个新城区"创新发展的战略愿景（见下表）可以包括以下方面：

表　东部山水新城区和南沙滨海新城创新发展的战略愿景

定位要素	东部山水萝岗新城区定位①	南沙新区定位②	广州两个新城区的战略愿景
区域合作	扩大开放的先行区	粤港澳深化合作的示范区	开放合作的新平台
发展要素	机制创新，具有国际竞争力的知识经济高地	国家科技和创新产业基地	创新发展的新标杆
产业特性	珠三角地区现代产业集聚区	区域高端现代服务业中心 国际航运和现代物流中心 海洋产业与装备制造基地	珠三角产业转型的新引擎
城市空间	广州东部山水新城区的核心区	探索新型城市化的试验区	空间转型的新载体
经济功能			广州经济增长的新主力

① 根据《2013年萝岗区建设方案》整理而得。
② 根据《实施广州市"123"功能布局规划建设方案（2012—2016）暨2013年实施计划南沙新区》整理而得。

1. **愿景一：开放合作的新平台**

萝岗东部山水新城和南沙海滨新城是广州推进开放合作的新平台。萝岗要以中新合作开发建设知识城为契机，创新国际合作模式，成为广东扩大开放的国际合作新平台、粤新合作的新典范。南沙海滨新城将在"深化 CEPA 先行先试"的基础上推动粤港澳全面合作，促进粤港澳三地在经济、社会、文化、环境、基础设施和管理适度的对接与融合，重点在现有合作基础上，突破文化、制度等柔性壁垒，促进区域融合和中华民族共同家园的建设。

2. **愿景二：创新发展的新标杆**

东部山水新城将构建链接全球的区域创新体系，吸引国际尖端知识经济人才和创新主力机构，发展创新型融资区域中心，建成一批具有世界一流水平的研究机构，培育一批具有国际竞争力的世界级知识型企业和品牌，成为广州建设国家创新型城市的主力区。南沙海滨新城将以高端产业为基础，以国际、国家重点创新项目为带动，以自主创新为核心动力，大力发展科技、文化、设计、创意产业及战略性新兴产业，全面提升自身可持续发展能力和综合竞争能力，建设服务区域可持续、高端化发展的创新动力平台。另外，两个"新城区"将深化体制机制改革，树立优质、高效的行政管理服务品牌，创新城区乡一体化发展机制，全面建立覆盖城乡居民的基本公共服务体系。

3. **愿景三：产业转型的新引擎**

创新发展两个新城区的重大意义在于引领和促进珠三角产业转型升级，这也是新城区建设的战略所在。为此，要努力将广州两个新城区打造成为珠三角产业转型升级的新引擎。就广州东部山水新城来说，将构建以战略性新兴产业为先导、先进制造业和现代服务业双轮驱动的现代产业体系，引进国内外集团企业总部和区域性总部，建设珠三角地区现代产业集聚区，力争形成电子信息、平板显示、新材料、精细化工、生物医药、知识密集型服务业六大千亿级产业集群。就南沙海滨新城来说，将以海洋资源开发、海洋装备和重型机械装备制造为核心产业，借力港澳及国际高端服务业要素发展以生产性服务业为核心的区域性综合服务枢纽，努力建设国际航运物流服务中心，促进大珠三角区域产业升级并与国际接轨。

4. **愿景四：城市空间转型的新载体**

创新发展东部山水新城和南沙海滨新城是打造广州新型城市化的典范，推动广州城市空间转型的新载体。其中东部山水新城将进一步优化城市发展格局，完善城市功能，营造低碳、绿色发展环境，完善交通网络内外循环体系，增强城市功能，提升人口承载能力，全面融入广州半小时生活圈，成为与主城区有机衔接、生活配套设施完善、生态环境优美、富于岭南特色的山水生态新城区。南沙海滨新城以可持续发展和人性化发展为基本原则，全面探索新城区发展的新型城市化路径，在产业发展、环境保育、城市建设、制度建设和管理运营等方面尝试突破，实现自然、城市、乡村和人四位一体的协调、综合发展，为珠三角地区探索新型城市化路径做出有力探索。

5. 愿景五：区域经济增长的新主力

东部山水新城和南沙海滨新城在广州发展中将必然地需要承担起提升广州经济实力，促进经济增长的重要角色。它们是广州现代产业集聚增长的核心载体和重要区域；从发展前景看，是广州综合实力和竞争力提升的最大潜力区域。因此，两个新城区将成为广州经济发展的新增长极，在广州市整体经济增长中扮演主力的角色。

（二）广州两个新城区创新发展的方向

广州两个新城区建设发展是一项复杂而艰巨的系统工程，不仅是城市实体建设的过程，还是整个城市规划建设及管理理念的更新、城市体系的协调发展过程。在经济全球化和区域经济一体化及广州建设国家中心城市的战略背景下，东部山水新城和南沙海滨新城创新发展要把握好以下几个主要方向。

1. 创新发展体制机制

体制机制是决定广州两个新城区建设速度、质量和效率的关键和重要支撑。要通过管理创新和体制创新，充分发挥政府在规划引领、政策聚焦、标准制定、要素供给、重大项目带动等方面的主导和引领作用，尊重基层创新和群众的首创精神，充分调动各类市场主体的积极性和创造性，形成各方广泛参与新城区建设和管理的合力。要努力形成协调两个新城区相互之间关系以及与母城关系的体制机制。在两个新城区的产业布局、疏解作用方面要形成相对分工，避免产业发展方向和规划的趋同，造成招商引资、产业布局等领域的恶性争夺资源和市场；同时，也与母城形成科学分工、紧密联系的共同体。要借助打造中国经济升级版的契机，推动东部山水新城、南沙海滨新城融入国家大开放大发展之中，使两个新城区成为国家政策、规划扶持和试验试点的对象，依托更高层级的外力助推新城区发展。

2. 创新发展理念

与母城相比，新城区往往是城市发展新理念新思想的试验田。广州两个新城区在发展中要不断紧跟国内外城市发展的新趋势，不断更新自身的发展理念和发展方式，不断获取发展的力量源泉。低碳城市和智慧城市都是当今城市发展的新理念，也是城市发展必然趋势。就目前而言，广州两个新城区建设要遵循低碳化、智慧化、可持续发展理念，积极打造低碳城市和智慧城市；在低碳发展、智慧发展中，提高城市资源的利用效率，提高城市发展的质量和水平。低碳城市就是通过经济发展模式、生产技术、消费理念和生活方式的转变，在保证生活质量不断提高和城市生态环境不断优化的前提下，实现有助于减少碳排放的城市建设模式和社会发展方式。因此，两个新城区要加强环境保护和生态体系建设，大力发展低碳产业，倡导绿色交通出行，推广绿色建筑，践行绿色市政新理念，走出一条具有中国特色、符合国际标准的低碳城市建设之路，创建全国低碳发展示范区。智慧城市是物联网、新一代移动宽带网络、下一代互联网、云计算等新一轮信息技术在城市发展中迅速发展和深入应用，使城市中的人、财、物、政府职能部门、城市公共设施与互联网无缝联接，形成智能交通、智能城管、智能公共服务等各个子系统的高效智能响应与良性运转，并形成一个智慧、低碳、和谐、可持续发展的新型城市结构。新城区建设要努力建设各项智慧基础设施，积极推广智慧技术应用，形成规模化的智慧产业。

3. 创新土地政策和用地模式

土地是新城区发展的基本载体，是必不可少的基本发展资源。在现有政策体制下，按照常规的土地开发利用模式，两个新城区的建设是难有大的作为的。因此，必须通过创新新城区土地政策和用地模式，加强土地及城市空间规划、土地征用、土地储备及开发等各个环节的改革和管理，提高土地资源节约集约利用水平，实现规模化用地与节约集约用地的均衡，努力形成疏密有序、错落有致，紧凑型、高密度的城市形态。

4. 创新基础设施建设方式

萝岗东部山水新城和南沙海滨新城离中心城区距离较远，加上对外交通、城市基础设施配套还不够完善，需要投入大量的物力、财力和人力才能在较短时间内尽快地完善基础设施，形成完善的城市功能。目前单靠市及区财政投入远远难以满足基础设施建设的要求。因此，需要创新新城区基础设施建设的方式，探索基础设施资本化、证券化道路，充分调动社会力量，为基础设施建设筹集足够的资金。

5. 创新开发建设营运模式

与母城发展相比，新城区建设主要靠增量扩容。这种增量扩容一般情况下，比较缺乏可资利用的城市资产。因此，在新城区增量扩容中，新城区内部路网和对外联系快速通道建设，水、电、天然气等市政基础设施建设，以及高水平的现代信息基础设施体系建设，都需要大量的人财物投入；同时，由于新城区建设比较缺乏规模经济和集聚经济的支撑。因此，应积极创新新城区开发建设运营模式，建立新城区建设的标准体系，保持新城区的可持续投入，确保新城区基础设施运营的经费来源，促进新城区良性循环运营。

6. 创新产业发展新模式

新城区发展历史表明，新城区建设要与经济发展阶段相匹配，以产业支撑为基础，以先进适用的科学技术为先导，不断推动产业结构的优化升级，才能保持旺盛的生命力和可持续的增长。当前，广州正处于工业化发展的后期，新城区的发展要体现出新时期的产业发展特征，适应当前产业发展的新趋势，科学统筹推进工业园区、产业基地和大型居住社区建设，以高端化、国际化、市场化为导向，以先进制造业和生产性服务业为发展重点，推动符合城区功能导向和就业容量大的产业项目向两个新城区集聚，促进产业发展与新城区建设互动融合，加快形成职住平衡、产城融合的发展格局。

7. 创新社会管理与服务模式

新城区建设的最终目的是改善民生，这是新城区发挥功能的核心要求。当前我国一些新城区建设普遍比较偏重土地扩张、偏重生产建设、偏重经济建设的速度，忽视了生活设施建设和文教卫体发展的配套发展，导致新城区生活质量低于母城。广州两个新城区建设，要尽力避免上述通病，积极克服自身发展软肋，把民生建设、宜居宜业环境建设放在新城区发展首要位置，才能发挥新城区"反磁力中心"作用。要积极创新新城区社会管理与服务模式，以超前的眼光，把握未来新城区居民民生需求的时段增量、总体规模和质量，将社会民生社会事业的建设标准与当前推动的全面小康型、富裕型建设标准相衔接，保持新城区持久的凝聚力和吸引力，形成广州独有的城市个性和特色。同时，不断加大新城区公共服务投入，不断提高公共服务供给能力和水平，逐步缩小与广州中心城区在公共服务方面的差距，让新城区居民享有与中心城区居民基本均等甚至是更为优质的公共服务。这是推动两个新城区逐步承接都会区功能和人口疏散的重要抓手。

8. 创新国际合作战略

经济全球化和信息化发展构筑了世界城市网络化发展趋势，新城区建设将促进城市进一步提升地位，提升其全国城市体系的节点地位，这就需要进一步融入世界城市发展网络。因此，广州两个新城区建设，要着眼于全球，紧跟发展新时代，要融入广州作为国家中心城市、世界城市体系中的重要节点，跟随广州母城追随世界经济发展新趋势及世界城市网络的推进，在产业结构、社会组织、发展方式上与国际接轨，使新城区获得更多学习借鉴境外技术、市场和管理知识的机会，积累起更多的参与国际竞争的核心能力，为广州实现国际化战略注入新的动力，成为广州国际交流和合作发展的典范。

三、广州两个新城区创新发展的对策建议

（一）创新新城区发展体制机制，增强新城区发展的活力

体制机制创新是新城区建设的重要动力，是提升新城区发展生命力的重要保障。

1. 建立市级新城区建设统筹协调机制

首先，要做好外部统筹。通过建立广州新城区建设的市、区两级统筹制度，设立市推进新城区建设协调领导小组，负责新城区总体规划、用地安排、重大项目等审核以及其他重大事项的协调，实现广州两个新城区发展与广州母城更新、两个新城区之间、新城区与开发区、新城区与周边农村的统筹发展，促进两个新城区建设与珠三角乃至全省、全国城市网络的协调，以优化资源配置和产业结构，增强新城区内生性发展动力，保证新城区建设统筹规划。其次，建立新城区建设的部门包干和对口帮扶体制。由相关市领导牵头，将中心知识城、南沙新区和广州教育城等重点平台和项目建设，采取切块包干的形式，让较有实力的相关部门和城区承担起相应的区块开发任务，将重点的精力投入到平台和项目建设中来；并采取必要的奖惩机制，尽快建立起一种跨越发展的高效开发运作体制。最后，谋划建立两个新城区建设决策咨询专家委员会，发挥社会专家作用，让全社会参与到两个新城区建设，加强对新城区规划和经济社会发展实施监督、指导和评估，提高新城区发展建设水平。

2. 建立新城区内部统筹机制

要重视两个新城区内部建设统筹发展。按照建设人性化新城区、时代性新城区、低碳节约型新城区的发展理念，统筹两个新城区三次产业及各产业内部资源配置，统筹当前建设与长远发展。通过发展经济，不断解决两个新城区居民在衣食住行等方面突出问题，设置加强科教文卫有关比率指标、财政民生投入的增速与比重指标，强化推进民生事业发展的激励约束机制，强化娱乐、文化、艺术、

体育等方面配套服务建设，使新城区居民享有与广州都会区相当的民生条件。

3. 建立新城区良好的投融资体制

要不断完善建设新城区的体制机制。重点是要建立新城区投资主体多元化的市场体制机制。在保障民生发展和可持续发展前提下，以市、区两级政府为主，积极引导企业参与投资、建设、管理和运营。明晰新城区建设的主体权益，通过投资主体多元化及市场机制引入，解决新城区建设资金不足、土地财政主导的问题，赋予新城区建设的持久推动力。

4. 建立新城区建设的激励与约束机制

广州要建立权威的新城区建设评估机制，对两个新城区建设项目进行严格的科学评估，对方向正确、特色鲜明、具备潜力、质量优秀的项目，给予政策优惠和资金支持，推动两个新城区在全国建设成为具有创造示范效应和国际品牌的重要区域。同时，设立新城区建设贡献奖，对新城区建设作出突出贡献的单位和个人，给予与其贡献相适应的荣誉和奖励。

（二）践行低碳智慧发展新理念，增强新城区发展的驱动力

1. 大力推动低碳城区建设

按照规划发展定位，广州两个新城区要建设成为广州东部山水新城、南部国际海滨生态城。要实现此发展目标，重点是要加强两个新城区低碳发展。这既是当前新城区发展的内在要求，也顺应当前世界城市发展的新趋势，体现新城区发展建设新理念。广州要重点优先支持两个新城区开展低碳发展试点。广州市有关专项资金优先支持两个新城区全面执行新的建筑节能标准，以及可再生能源示范应用，实现管道天然气覆盖率达100%，推进清洁能源广泛使用。同时，积极在南沙新城区开展集中供暖和分布式供能建设试点，并使其享受相关政策支持，支持南沙新城区开展新能源汽车示范应用、智能电网示范建设以及环境空气质量智能化监控网络。支持两个新城区开展示范性低碳工业园区建设。

2. 努力建设智慧新城区

要科学确立两个新城区"智慧城市"发展的目标，建设新一代信息通信网络国际枢纽、城市运行感知网络和智能化管理服务系统，跟踪发展新一代信息技术，推动新城区发展一批智慧型产业，积极推广和应用"智慧城市"，建立比较完善智慧城市运行体系，使两个新城区成为智慧城市建设的示范城区。

（三）创新新城区用地政策，增强资源配置的牵引力

用地问题是新城区发展必须解决的前提条件。要积极推进用地政策向新城区建设倾斜，支持新城区盘活存量土地，使建设用地资源向新城区倾斜，努力缓解新城区建设中土地资源紧缺的矛盾。

1. 创新新城区用地补偿机制

随着新城区建设的推进，新城区征地的规模也将越来越大，进一步创新和健全土地征购补偿制度显得尤为重要。因此要探究市场经济体制下，政府、开发商、失地农民（被拆迁人）之间最佳的利益联结，建立科学合理的征地补偿和利益分享机制，完善对城市建设项目的社会评价和公众监督，完善拆迁户与企业、政府之间的协商机制。

2. 创新新城区土地储备制度

新城区发展中土地收储和供应是加快开发进程的重要环节。为此，需要创新新城区土地储备制度，提高土地收购、储备、供应等方面的工作效率。要细化编制土地储备实施细则，探索通过设立土地基金、发行土地储备债券与股票、推行土地权益书等做法，吸收社会资金参与土地储备。建立土地协调机制，成立统一的、具有权威性的土地资产经营管理委员会。该机构可应由土地、房屋、城建、计划、财政、金融等多部门共同组成，通过有效的协调配合，促进土地收购、储备、供应等工作效率的提高。

3. 争取赋予新城区省级土地管理权限和灵活管理机制

推动用地政策向新城区倾斜，为解决新城区的用地瓶颈创造条件。就南沙新区而言，可以利用国家支持南沙新区开展土地管理改革综合试点和建设用地审批改革试点的契机，争取授权南沙享有土地征用、划拨、出让等省一级的土地管理权限。就萝岗而言，要积极争取将中新知识城纳入国家战略，进而享受省一级的土地管理权限。另外，在一些具体管理细节上采取灵活的措施，如探索采用政府划拨或给予特许开发权的方式，引进港澳或新加坡的优质大型开发投资企业直接参与开发；对新区以土地作价入股参与具体项目建设的，不视为土地使用权转让；对新区内的重点项目，在土地利用指标等方面予以倾斜和计划单列，优化项目选址与建设用地审批程序。

（四）创新推进新城区基础设施建设管理政策，增强新城区设施的承载力

1. 制定土地出让收入专项支持基础设施建设政策

针对两个新城区短期内不可能集聚大量资金用于基础设施建设的现实，尤其是南沙海滨新城正处于大开发建设时期，市政府应积极调整财政资金结构，加大对新城区建设的支持力度。其中要重点制定新城区土地出让专项支持政策。土地出让收入是地方财政收入的主要来源，也是新城区建设的重要资金来源。两个新城区出让土地取得的市本级土地出让收入，建议在根据国家及本市规定计提各项专项基金（资金）后余额的一定比例，以项目支出的形式对两个新城区范围内的基础设施项目予以支持，优先用于两个新城区范围内的基础设施和公共服务设施建设，以缓解新城区建设资金短缺的问题。

2. 对中心城区通往两个新城的高速公路和乘坐地铁人员实行减免费的收费管理

在目前两个新城区人气不足的背景下，要进一步考虑吸引和激活两个新城区的吸引力和凝聚力，努力克服交通的时间和费用成本障碍。为此，除提供快速的交通外，还可考虑对中心城区通往两个新城的高速公路实行免费或折扣收费，引导交通和人口向两个新城区集聚；对乘坐地铁的消费者也可以考虑实行一定折扣收费。因减免收费所产生的支出可以根据以往收费额度，用财政资金对相关的运营方予以补贴。从长远来看，只要能集聚人口和各种要素资源，让两个新城区发展起来，这种减免收费的损失是可以得到丰厚的回报的。

（五）创新新城区开发建设营运模式，增强新城区发展的可持续力

1. 创新投融资模式

资金问题是新城区开发必须突破的一个瓶颈。为此，需要创新投融资模式，多渠道多方式引入资金，促进新城区的开发建设。第一，要拓宽国际融资的渠道，用好国际资本支持新城区重大公益性项目建设和地方政府投融资平台发展。第二，要探索开展收费受益权信托计划，对新城区的经营性排污截污收费、垃圾处理收费等收费项目，采用收费受益权信托计划，以尽快收回投资。第三，探索捆绑式融资等新型项目融资方式，对新城区的一些能够带来较大商业利益的公共基础设施项目，实行商业开发"捆绑"操作，由企业统一投资、开发、建设和运营。

2. 积极探索基础设施建设和公共服务的新标准、新规范

积极探索基础设施建设的新标准、新规范。探索制定新的市政基础设施和公共服务设施容量及定额标准，强化项目进驻的审批、出让、预售、验收等各个环节的管理标准约束，提升新城区公共服务的管理水平，推动新城区城市建设的现代化标准化。

（六）创新新城区产业发展新模式，强化新城区产业的支撑力

1. 创新产业龙头为主体产业平台开发模式

以行业龙头企业为开发主体，采取从土地开发、招商引资等一系列环节包干的方式，引导相关产业集群抱团集聚，加快推进明珠湾核心区、广州科学城、中新（广州）知识城、广州国际生物岛等战略性新兴产业载体或区块的建设，形成创新能力强、创业环境好、特色突出的战略性新兴产业基地，引导技术、人才、资金和重大项目等高端要素集聚，吸引新一代信息技术、节能环保、生物医药、新材料、新能源、高端装备制造等项目投资布局。南沙新区可以考虑在高端商务及商贸服务、航运物流服务、科技智慧产业、汽车产业、高端装备制造产业等五大主导产业集群，选择其龙头企业，聚焦培育价值性产业链条及高端环节，接通和延伸区域传统优势产业链条，合作构筑以生产服务业为主导、以现代服务业为主体、以战略性新兴产业为引领、以高端装备制造业为支撑的现代产业体系，打造珠三角创新驱动、高端引领、错位协同的现代产业新高地和新的经济增长中心。萝岗则可在汽车制造、精细化工、食品饮料、钢铁工业等"6+3"等优势产业方面，依托其龙头企业，促进产业进一步集聚，提升制造业能级和水平。加强发展总部经济、科技创新服务、金融服务、现代物流等生产性服务业，促进服务业与制造业协同发展。

2. 以价值链延伸和品牌建设为基点创新产业增长新模式

以产业价值链延伸为基点，以加强企业技术中心为重点的创新平台建设，积极引导和推荐高校科研院所和省级技术中心与企业合作，解决影响制造业转型升级和产业链提升的共性关键问题，推动产业导入和增长模式的创新。同时，要加强品牌建设，提升优势产业产品的品牌效益，开展工业企业品牌培育试点，择优推荐具有全国性或区域性影响的工业企业品牌进行培育，扩大品牌带动效应，推动产业的创新成长。通过价值链延伸和品牌建设，促进产业高端化发展，实现科技创新、产业聚集、结构优化，不断增强产业核心竞争实力，实现现代服务业与先进制造业协同发展，以高端产业引领新型城市化发展新局面。

（七）创新新城区社会管理模式，增强新城区环境的吸引力

1. 重点提高新城区公共服务保障能力

目前，广州两个新城区在教育、医疗、文化等方面比较缺乏优质资源，休闲娱乐、居住等领域的公共服务资源不足，公共服务保障能力不足，对人才的吸引能力有待提高。因此，应区分政府公共服务和一般竞争性公共服务项目，采取不同的策略，不断提升新城区的公共服务能力，逐步承接都会区的功能转移和人口疏解。在政府公共服务提供上，应以吸引和发展综合型、旗舰型事业单位为对象，快速吸引优质教育医疗文化资源的集聚。在一般竞争性公共服务项目建设上，要结合新城区的生产生活设施配套及人口分布，合理布局商业网点，强化中心区域和标志性的城市综合体建设，带动综合商场、餐饮设施、肉菜市场及便民网点等各类配套设施建设。

2. 加快新城区社会事业导引性标志性项目建设

重点规划建设若干个具有标志性的现代化教育、医疗、文化高端项目，充分发挥项目的支撑性和导引性功能，并以此为抓手完善和优化城乡教育医疗文化等公共服务设施的建设。加快推进义务教育规范化学校建设，均衡配置教师、设备、图书、校舍等各项资源；加快优质普通高中建设，高质量普及高中阶段教育；积极引进国际知名高校在新城区设立校区，发展高等教育和职业教育；深入推进校企合作，加强职业教育基地建设。在重点建设一到两间三甲医院的基础上，完善公共卫生服务体系和医疗服务体系，改善公共卫生和医疗服务设施，加强基层医疗卫生专业队伍建设，提高医疗卫生技术水平和服务水平。规划建设文化艺术中心、体育城等大型文化体育设施；加大基层文体设施建设力度，健全区、镇街、村居三级公共文体服务网络；着力推进绿色网园等文化惠民建设工程建设。

3. 推动新城区社会管理服务创新

广州两个新城区在人口构成、空间扩展（征地拆迁）、产业布局和公共服务配套等方面，与中心城区都有明显的区别。新城区在人口构成上，外来人口比重大，城区发展中征地任务重，产业工人多，而公共服务配套相对不足。因此，在社会管理服务创新方面，应借鉴国内外新城区的相关发展经验，顺应社会管理服务的发展趋势，形成有自身特色的社会管理（治理）模式。具体地说，在东部山水新城萝岗核心区和南沙海滨新城的社会管理服务创新侧重点也应有所不同。如在萝岗区开展"邻里中心"和国际社区建设的试点、实施网格化社区管理、

在南沙新区探索与粤港澳全面合作发展相适应的社会管理服务创新等。

创新高层次人才的管理服务方式方法。实行"人才+项目"培养模式,定期确定若干重点科研课题、重大项目,招聘高层次人才进行科研攻关。建设集群式、宽领域、广覆盖的人才创业平台,进一步增强孵化器、加速器功能。借助企业孵化器功能,采取"个性化"的扶持办法,促进科技型中小企业上市融资加快发展。完善全球招聘制度,择优选聘企事业单位关键岗位和重大科技项目主持人和主要参加者。探索高技能人才协议工资制,改革科研单位的工资体系,推动实施智力报偿制度,建立健全高技能人才薪酬福利调查及发布制度。推进人才信息网络建设,建立高层次人才信息库和人才需求发布制度。

推动政企联动的社会管理方式创新。在企业较多的社区,可以推动创建政企联动的社区管理模式。这种模式旨在以企业生产、经营和发展为中心,帮助企业协调解决实际问题,在此基础上,促进企业履行社会责任,推动社区的社会管理方式创新。在具体方式上,可以通过召开企业季谈会,对企业提出的困难与问题进行讨论协商,形成解决方案,并积极帮助企业解决问题;把社区文化建设与企业文化建设相结合,增强社区和企业的凝聚力和向心力;搭建社区企业投融资服务平台,组织企业代表与银行、证券公司、担保公司等金融机构现场交流、对接需求,为企业提供一揽子金融服务。同时,将社区管理服务植入到为企业服务之中,形成一种政府与企业互动共赢的社区管理局面。

(八)创新国际化发展模式,增强新城区的国际竞争力

1. 营造国际化的商居环境

国际化发展的一个重要方向就是要营造国际化的商居环境。新加坡和香港之所以能持续受到跨国企业和投资者的青睐,主要是因其拥有了高效、廉洁的政务环境和完善、透明的法律体制,以及市场信息、资金、技术和人才汇聚及自由流动的优势。因此,两个新城区建设要学习借鉴新加坡等世界先进城市发展经验,遵循市场经济规律要求,开展穗港澳营商规则合作对接,精简和规范行政审批,建立精简高效的行政审批制度,推动管理制度、商事规则与国际接轨。同时,要不断增强城市包容性,尊重国际人士的风俗习惯和宗教信仰,为广大国际人士提供便利舒适的工作和生活环境。设立外国人信息咨询服务中心,为外籍人员在新城区工作生活提供便捷的一站式服务。实施城市外语环境提升工程,设立多语种电话志愿者服务热线,规范城市交通道路、旅游景区和国际社区的多语种标识。鼓励开展国际交往礼仪、公共场所礼仪培训,提高市民对外交流能力。积极发展

国际教育和国际医疗，创造国际化的生活条件，为新城区各类人士和机构提供高效服务。

2. 推动新城区企业国际化

企业是新城区发展国际化的主体和中坚力量。推动企业国际化，一方面，要继续吸引跨国公司、世界500强企业入驻新城区，重点鼓励外资企业在新城区设立总部、地区总部或职能性总部机构，增强跨国运营中心、采购中心、研发中心和结算中心功能。同时，在条件许可的情况下鼓励国际组织设立办事机构。另一方面，在有跨国经营需求并具备一定规模实力的本土企业中，选择一批企业纳入计划予以重点扶持，引导企业加快制定实施品牌、资本、市场、人才、技术国际化战略和跨国经营发展计划，通过建立境外加工组装基地、境外营销网络、海外研发中心和境外能源资源供给体系等方式，提升本土企业在国际分工中的地位。

3. 促进区域合作对象国际化

两个新城区要以世界眼光谋划国际化发展战略，参与国际分工和国际合作，提升国际影响力，以更开放的姿态走向世界。为此，要加强与新加坡在经贸、技术、园区管理、人才交流等方面的合作，将中新知识城建成吸引高端人才、汇聚高端产业、提供高端服务的典范和中国—东盟区域性创新中心。将南沙新区作为推进与港澳合作的"主战场"、"大平台"，重点加强与港澳在现代服务业发展合作、社会服务管理、教育培训以及营商环境、营商规划对接的合作，努力把南沙打造成为服务内地、连接港澳的商业服务中心、科技创新中心和教育培训基地，建设临港产业配套服务合作区。同时，进一步拓宽国际化合作的渠道和方式。寻找更多具有行业领先性、针对性、发展潜力巨大的合作对象，以合作项目为抓手，扩大合作范围，创新合作方式。如在东部山水新城建设中，可以考虑着重引入德国技工教育的模式，在广州教育城开展中德技工教育的合作，而不是简单地引入省内技工院校。在文化产业发展上加强与意大利、法国等国家合作，发展文化创意产业。新城区建设要积极融入世界城市网络，发展与世界城市和地方政府联合组织等相关国际组织的合作，提升新城区的国际影响力。密切与国际友好城市、华侨华人社团、各国驻穗领事机构的交往，推动新城区和广州走向世界。

课题组成员：白国强　陈来卿　蒋　丽　葛志专

社 会 篇

广州农村环卫保洁长效机制建设研究

广州市贯彻落实中共十八大报告提出的中国特色社会主义"五位一体"新格局，把生态城市建设摆上更加重要的位置，在农村掀起了生活垃圾治理高潮。但目前全市农村环境卫生状况不容乐观，为实现城乡一体化发展，加快建立和完善符合现代生态文明理念的农村环境卫生保洁长效机制迫在眉睫。

一、现状与问题

（一）现状

近年来，随着美丽农村建设的不断推进，以加强基础设施建设和建立长效管理机制为重点，以创建卫生村为载体，以"村容整洁"为主题，广州市农村掀起了前所未有的环境卫生整治热潮，村容村貌发生了较大变化。但总体上还不尽如人意。2011年年末统计，全市共有1153个行政村、6268个自然村、农村265万人口未正式纳入城乡一体生活垃圾处理[①]。按日均产生垃圾量1.01公斤/人计，目前全市农村地区每天产生垃圾量约2676.5吨，年总量约97.7万吨，且随着农村经济快速发展其生活垃圾增量还会不断加大，生活垃圾处理压力不断增大。大部分乡镇及村庄的环卫基础设施还很薄弱，村庄排水沟不畅又长期得不到疏浚的沟渠大量存在，个别自然村道路两旁建筑废料、稻秆等乱堆乱放；农村"旱厕"大量存在，鸡、鸭、鹅等三鸟粪便以及生活垃圾随处可见；部分偏远山村的环境卫生处于无人管理状态。这些问题与广大群众生产生活密切相关，给广州对外形象、村民生活质量和精神文明风貌所带来的负面影响显而易见。

（二）面临问题及困难

1. 一些基层干部和村民的环境卫生意识薄弱

基层政府对农村环卫保洁的重要性认识不足。个别镇村干部观念陈旧，对环

---

① 资料来源：广州市政府《关于进一步加强广州市农村生活垃圾收运处理工作的实施方案》。

卫整治工作不够积极主动。部分村民和外来人员卫生意识比较淡薄，乱丢垃圾、乱放杂物的陋习短时间内难以改变。导致村民环保意识薄弱的原因，一是政府环保宣传不够深入；二是受城乡二元结构的影响，长期存在"重城市轻农村、重工业轻农业、重乡镇轻乡村、重市民轻农民"的传统观念，环保法律法规和政策在农村没有完全落实。

2. 环卫保洁资金缺乏

目前，市、区（县级市）都投入了一定经费予以解决垃圾清运、环卫设施建设、环卫设备等问题，但设备更新及日常维护、保洁人员工资等仅靠一次性的投入远远不够。以垃圾清运为例，各乡镇的垃圾清运压力有增无减。例如花都区花山镇，2010年区政府给予补助垃圾清运费近36万元，该镇实际投入垃圾清运的费用近450万元，区财政补助经费仅占总清运费的8%。① 由此可见，区、镇两级的经费投入比例不平衡，镇承担了较大的经费投入压力。

农村环卫保洁资金投入认识上存在偏差。目前就全市的情况来看，各级政府之间及政府与公众之间还没有真正形成垃圾治理共识。公众不满政府服务的同时，却不愿主动积极参与垃圾处理作业、执法与立法，这与政府提供的公众参与平台不够宽广及政府与公众联动机制不健全有关。因此，如何保证农村环境卫生设施建设的后续资金，需要从市财政、区（县级市）财政、镇、村、自然村（经济社）到每家农户找到共同分担的平衡点。

3. 环卫设施设备落后

目前，全市农村环卫硬件设施建设与建成区相比差距较大。绝大部分农村尤其是偏远山区仍然采用人力车、农用拖拉机等来替代垃圾清运车，很难看到洒水车、扫地车、吸粪车等环卫设备。

4. 环卫保洁队伍尚未健全

目前，广州农村保洁队伍参差不齐，部分农村还没有固定的保洁队伍，远远未能达到生活垃圾日产日清的要求。不少乡镇的镇区虽聘请环卫工人进行环卫保洁，但队伍仍由街道居委会代管，没有成立专门的环卫所，未进行规范化运作；村级保洁队伍有待逐步加强。

5. 体制机制建设还需完善

（1）管理机构不健全。受体制影响，目前各区（县级市）、镇政府没有设置农村环保专门机构，各区（县级市）开展的农村环卫保洁活动，主要交由区城

---

① 资料来源：根据花都区城市管理局提供的资料整理。

市管理局和市城乡建设管理局临时负责。区城市管理局主要任务以城区执法管理为主，大多与城市执法局两个牌子、一套人马，下设一个城市管理科，无法顾及村容村貌，遇到上级有重大检查才临时组队应付。各镇的情况也相类似。部分乡镇由镇农业办或爱卫办临时负责，部分乡镇甚至还没有明确兼管部门和管理人员。

（2）管理制度缺失。目前，广州市农村垃圾处理规划和建设工作均放在市一级政府，区一级政府的积极性还没有真正调动起来。尽管市政府下发了《关于进一步加强我市农村生活垃圾收运处理工作的实施方案》，但它并不具有法律地位。"两级政府，三级管理，四级网络"的管理体制很难充分发挥作用，"分区治理，一城同化，市级保障"及"政府主导，社区组织，企业参与，自产自销，源头减量，回收利用，因地制宜，落地实施"的垃圾治理原则很难贯彻执行。

二、基本思路

（一）发展目标

（1）加快推进农村饮用水安全工程建设，不断提升农村生活用水质量，到2015年，全市农村饮用水安全率达100%。

（2）加快推进农村污水处理设施及配套管网建设，到2015年，全市农村生活污水处理率达90%以上。

（3）加速推进农村生活垃圾收集中收运处理设施建设和设备购置工作，到2015年，全市农村生活垃圾集中收集处理系统全面建成，相应基础配套设施全面完善，道路、公共场所等可视范围内垃圾做到日产日清，农村生活垃圾收集率达100%。

（4）加快农村环卫保洁队伍专业化建设步伐，到2015年，全市乡镇、村、自然村（经济社）的专业保洁员队伍配备率达100%。

（5）妥善解决农村生活垃圾面源污染问题，到2015年，全市农村生活垃圾无害化处置率达100%。

（6）科学有序地解决农村资源循环利用问题，到2015年，全市农村资源循环处置利用体系初步建成，农村资源化利用率达到50%以上。

（7）到2015年，全市农村环卫保洁长效管理制度全面建立并落实，广州力争创建全国垃圾分类示范城市。

（二）主要制度

1. 农村环卫保洁管理制度

（1）明确各级领导的农村环卫管理职责。为全面改善农村环境面貌，突出推进生态环境保护、生态经济发展、生态文化建设，确保农村环境卫生保洁步入良性互动的轨道，实现农村生活垃圾日产日清，必须形成稳定的区（县级市）、镇、村和自然村（经济社）三级管理四级网络的管理体制，全面落实环卫保洁负责制，明确各职人员的责任，包括：区（县级市）领导职责、分区保片机关企（事）业单位领导职责、乡镇领导职责、村干部职责、自然村（经济社）环保监督理事会及村民的职责等。尤其各单位必须确定环境卫生工作第一责任追究人。镇村一级须落实行政一把手及法定代表为第一责任追究人的联动机制，通过强化各级政府的统一领导，采取统一措施，为实现广州市农村环境卫生长治久洁目标提供坚强的组织保障。

（2）实行"四个统一"的管理模式。

1）统一管理。各区（县级市）"农村环卫局"全面组织协调监督本行政区域农村生活垃圾处置工作；各乡镇"环卫所"对本镇环卫监督员和保洁员实行统一管理，包括环卫监督员和保洁员的招聘录用、工资发放、技能培训、日常管理、业绩考评等管理。

2）统一装备。各区（县级市）应根据各镇的具体情况，统一配备垃圾清运车、小四轮垃圾清运车以及卫生保洁清扫工具、标志服、垃圾专用板车、垃圾筒、垃圾中转箱等。

3）统一标识。各区（县级市）所有农村"生活垃圾无害化填埋场"、"生活垃圾焚烧厂"、"废弃物发酵处理池"、"生活垃圾收集点"、"生活垃圾转运站"，卫生保洁的清运车等均应实行统一的农村保洁标识。

4）统一操作流程。按照"户收集、村集中、镇转运、区处理"的方式，统一广州全市农村生活垃圾收运处理流程。户收集，即所有辖区内的村民实行"门前三包"，每天在规定时间内按照"返田有机物"①和生活垃圾分类"四分法"②的要求，将垃圾分别送到指定的"废弃物发酵处理池"和各户门前便于保

---

① 返田有机物是指冬种绿肥、稻草和动物粪便等。
② 垃圾分类四分法是指可回收垃圾、厨余垃圾、有害垃圾、其他垃圾。

洁员收集的"生活垃圾堆放点"。村集中,即各自然村(经济社)保洁员定时将各户"垃圾堆放点"的垃圾和村公共场所的垃圾集中运送到本村(经济社)"废弃物发酵处理池"和"生活垃圾收集点";再由"村环卫站"负责将各自然村(经济社)"生活垃圾收集点"的垃圾清运至镇"生活垃圾转运站"。镇转运,即由"镇环卫所"将"生活垃圾转运站"的垃圾及时运送至区(县级市)"生活垃圾无害化填埋场"处理。通过"四个统一",实现广州市城乡环卫保洁一体化。

(3)坚持督查整改与考核奖惩相结合。为充分调动和发挥各方面的积极性,必须建立和完善村自查、乡镇主查、区(县级市)抽查的农村环卫监督检查、考评、奖惩等约束激励机制。

1)督查考评主体和对象。各区(县级市)成立农村环卫监督检查组,督查组由"农村环卫管理局"牵头,城管局、文明办、爱卫办等部门抽调人员组成,负责对各乡镇环境卫生状况进行检查督促和考评。各乡镇成立由镇政府分管领导组成的农村环卫监督检查组,组织所属村环卫检查评比和督查工作。各村委会成立由村干部和村环卫监督员组成的环卫监督检查组,组织所属各自然村(经济社)的环卫检查评比和督查工作。

2)督查考评内容。各级环卫督查考评均应制定相应的细则,以便打分量化。考评内容包括:督查受评对象考评机构、公共环卫管护员队伍设立、环卫督导工作和"门前三包"开展情况,按规定配备的保洁机械使用和保洁村环卫设施的建设维护情况,村民"返田有机物"和生活垃圾清理情况。

3)督查考评办法。各区(县级市)环卫督查组每月对各镇开展一次督查活动,并不定期进行明察暗访,每次检查抽取各镇若干个自然村(经济社);每半年组织一次全区(县级市)评比活动。各镇环卫督查组对所属村实行"一周一检查、一月一评比"的日常检查评比活动。各村环卫督查组对所属各自然村(经济社)每日定时或不定时开展督查。各自然村(经济社)环保监督理事会则每日随时督查辖区内的村民"门前三包"、"返田有机物"和生活垃圾日产日清情况。各"村环卫站"于每月5日前将对所属自然村(经济社)的上月环卫评分情况上报"镇环卫所",各"镇环卫所"于每月10日前将对各村的上月环卫评分情况上报区(县级市)"农村环境卫生管理局",以作各职能部门环卫考评的基本依据。

4)奖罚办法。在各乡镇上报农村环卫月评比分数的基础上,依据《细则》对照各村状况实行扣分制检查,对于发现的突出问题,将下发限期整改通知单,逾期整改不到位的，监察部门对相关责任人进行问责，一年中累计得到3次以上整改通知单、脏乱差问题严重长期得不到解决的农村，将暂停拨付区（县级市）环卫奖补助资金。区（县级市）"农村环境卫生管理局"每季度通报一次对各乡镇的检查情况，每半年进行一次总结评比，兑现环卫奖补助资金。各区（县级市）应将环境卫生工作纳入对各级领导班子年终目标责任制考核的重要内容，结合年终考核进行环卫综合考评，实行奖优罚劣；同时将考评结果送组织（人事）部门备案。

2. 农村环卫保洁队伍建设制度

（1）环卫监督员及保洁员的选聘。各镇环卫所、村环卫站分别聘请环卫监督员4～5名和1～2名。乡镇环卫监督员要求：品行端正、热爱农村生态和环保卫生事业，具有高中以上文化程度，年龄在60周岁（女性为55周岁）以下；村环卫监督员要求：品行端正、在本村有较大影响力、群众威信高、年龄在60周岁（女性为55周岁）以下，可由村干部兼任。按照每500人配备1名保洁员的标准，由各镇环卫所核定保洁员的数量。保洁员要求：热爱保洁事业、能吃苦耐劳、身体健康、责任心强、年龄在60周岁（女性为55周岁）以下，尤其应在同等条件下优先选用农村低保对象、特困户和困难党员。

选聘程序为：按照规范化的用工录用程序，乡镇环卫监督员、保洁员由镇环卫所按照公开招聘、择优录用的原则组织招录，村环卫监督员、保洁员及经济社（自然村）保洁员由村委会或自然村（经济社）理事会组织招录；由乡镇环卫所审核、区（县级市）农村环卫管理局核准。环卫监督员、保洁员聘用情况及名册，由各区（县级市）农村环卫管理局汇总后统一上报市城管委备案。

（2）环卫监督员及保洁员的技能培训。各乡镇环卫所负责对环卫监督员及保洁员培训。培训内容：环卫监督员主要学习环卫监督员职责、环卫监督员工作方式、工作纪律及执法技巧，农村环卫考核细则，农村环卫执法文明用语，农村环保法律法规知识等；保洁员主要熟悉岗位职责、一般作业的操作程序和原则、保洁过程中应注意的事项、常用清洁剂的认识与使用等。

（3）环卫监督员及保洁员的日常管理。为强化全市农村环卫保洁队伍的管理，应实行各区（县级市）农村环卫管理局、镇环卫所、村环卫站逐级管理制度；为不断提高全市农村环卫保洁队伍素质，应以镇环卫所为主，各村环卫站积极配合，建立健全环卫监督员及保洁员考核奖惩制度；为不断提高全市农村环卫保洁队伍的服务质量和水平，应建立健全环卫监督员及保洁员的服务质量和水平抽查回访制度。

(4) 环卫监督员及保洁员的经费保障。农村环卫保洁工作的顺利推进有赖于相应资金的稳定投入，应建立各区（县级市）、镇、村、自然村（经济社）、村民的农村环卫保洁人工费分担机制。建议各乡镇、村环卫监督员及所有统一招录的保洁员基本人工费（1500元/人·月，约占总工资65.2%）纳入各区（县级市）财政预算；各种生活福利补贴（800元/人·月，约占总工资34.8%）由镇财政及村民自筹解决，即：镇（400元/人·月，约占总工资17.4%）、村（200元/人·月，约占总工资8.7%）、自然村或经济社（100元/人·月，约占总工资4.35%）、村民（100元/人·月，约占总工资4.35%）。

3. 农村环境卫生基础设施建设制度

（1）把农村环境卫生规划纳入政府整体规划。近年，市规划局完成了《广州市城市总体规划（2010—2020）》村庄专题，对不同类型的村庄实施不同的规划管理策略，对全市农村环境卫生提出了宏观引导措施，为指导协调统筹城乡一体发展将产生积极的影响；个别区（县级市）已陆续组织编制环境卫生专业规划，范围涵盖了城镇与农村地区，充分体现了环卫建设城乡一体化的原则。但从全市的情况看，这项工作才仅仅开始。各级政府及其相关部门应借鉴其他地区先进经验，结合本地人文、生态特色，将农村环境卫生规划纳入政府整体大盘规划，实行统一规划、统一布局、统一管理。实现环境卫生规划全地域覆盖，推动城乡环卫事业与经济社会、自然环境的协调发展。除了城乡道路保洁，规划应包括河道保洁、重要水源涵养地等水域保洁、农村饮用水保洁、建筑垃圾处理、医疗垃圾处理等方面的内容；同时还应明确农村环境卫生保洁标准。

（2）把农村环境卫生规划纳入自然村（经济社）发展规划。村庄规划是城市规划管理部门实施规划管理的操作依据，是统筹城乡发展，实现农村环境卫生革命的关键。根据《广东省农村环境保护"十二五"规划》，加快推进农村饮用水安全保障、农村环境综合整治、农村生态示范创建、规模化畜禽养殖污染防治等七大农村环保重点工程的要求，从农村发展规划入手，循序渐进，把农村整体功能分区、绿化、住宅卫生、给排水、粪便及垃圾处理、公共卫生设施等做好科学合理规划。

（3）切实做好自然村"废弃物发酵处理池"和"生活垃圾收集点"选址建设。为实现垃圾资源化利用，广大农村应大力推广有机垃圾堆肥技术，使垃圾降解后用作肥料。市政府相关部门应在《广东省农村生活垃圾收运处理技术指引》基础上，抓紧制定"全市农村垃圾分类处置技术指引"，教育引导农村居民最大化地减少生活垃圾总量，凡是可以沤肥的稻草、秸秆、农作物残叶等采取及时还田的措施，对动物粪便、菜根残叶等有机物采用集中堆放、堆沤农家肥。为保证上述有机物既合理利用又不污染水土环境，各自然村（经济社）应选址建设"废弃物发酵处理池"和"生活垃圾收集点"。前者宜选址在村主干道两侧200米以外既便民又隐蔽的地块，后者应按国家有关"生活垃圾收集点选址指南"要求进行。

（4）支持农户改善卫生设施。各级政府应继续从政策上为农村改水、改厕、改圈等给予支持。一是继续完善农村改水工作，保证100%农户喝到安全水。二是加快农村居家改厕工作步伐。必须尽快取缔"露天粪坑"、"旱厕"，大力推广农村无害化户厕改造。三是自然村内统一修建栅栏，农户养牛、养猪、养鸡等应全部进圈，实现人畜分离。

（5）积极开展农村截污纳管工作。做好深入细致的群众思想工作，破除封建迷信思想。调查发现，广州市偏远农村污水处理难的原因之一，就是一些村民深受封建迷信思想影响，担心在村庄中建设污水处理站会影响"风水"。对此类问题应向村民进行科学解释。广府（或客家）传统民居村落前面普遍都挖有一口大池塘，既有集雨、灌溉、排水和调节温湿度的功能，又体现传统"天人合一"的和谐生态发展观。利用这些传统设施加以改造成农村污水处理系统，既符合传统生态文明观，又实现了农村污水净化处理的目的。

因地制宜，采取多种办法截污纳管。一方面，结合目前实施的饮水安全工程，加强村庄排水设施建设，在农户房前屋后铺建暗排沟，村内建设排水主管道，连接农田灌溉渠道，将村内雨水、生活废水汇集起来，经过净化后排入农田；另一方面，对偏远地区可通过建设暗渠将村内雨水、生活用水汇集到沉淀池、过滤池，经净化后排入农田或河流。

继续完善村水管员制度。近年，广州市农村相继建立了村水管员队伍，明确了职责（例如，宣传保护农田水利知识，巡查和维护本村排灌渠、水陂等基础设施，发现水利设施损坏即及时通知镇水管所处理，调解村民之间的用水矛盾）。为有效地监督农村污水处理，从源头上保证饮用水安全，应赋予各村（居）水管员更多的职责，包括：督查本村饮用水洁净情况，发现水源污染立即报告并采取措施，督查本村雨水、生活废水纳管入网和净化工作等。

4. 农村环卫保洁文明素质教育制度

（1）定期组织保洁员职业道德和业务素质教育培训。根据目前广州农村日产垃圾总量的情况，全市农村地区需要专职保洁员将超过1万人。① 如果这支队伍能建立起来，并持续进行职业道德和业务素质教育，真正发挥专业化的保洁作用，广州农村卫生保洁局面将为之改观。

（2）定期开展村民文明素质教育。村民环保意识薄弱与各地村民文明素质水平是密切相关的。要把《居民家庭生活垃圾分类指引手册》发放到户，宣传到人，引导村民按标准分类投放垃圾。要在村委会、休闲广场、祠堂等村居公共场所广泛开展生活垃圾分类宣传。形成"垃圾处理、人人有责"的良好氛围。

（3）将农村青少年的公共卫生常识教育纳入国民教育体系。搞好农村环境卫生必须从青少年抓起。把公共卫生常识教育纳入中小学基本卫生教育课程，将生活垃圾分类知识纳入中小学教材和课外读物，组织、动员中小学校、幼儿园普及生活垃圾分类教育，开展生活垃圾分类实践。通过"小手拉大手"，让小孩影响大人，形成人人都会垃圾分类，家家都参与垃圾分类的文明氛围，开创广州城乡生活垃圾分类的新局面。

（4）发挥农村社区"一约三会"的功能和作用。通过"一约三会"，将垃圾处理、卫生保洁等事项，形成全村村民的书面约定，并通过召开民情征询会、约定协商会、执行监督会，对约定的事项进行监督，并调解相关纠纷。通过发挥农村社区"一约三会"的功能和作用，提高农村基层单位以及广大村民做好环境卫生工作的积极性，做到定人员、定任务、定报酬，不留任何空白。特别对村镇垃圾收运过程中的撒漏等造成的二次环境污染问题进行监管，建立健全问责机制。

5. 建立农村卫生保洁经费投入制度

（1）市级财政投入。当前，广州城乡垃圾处理基本上是以区（县级市）为终端处理负责。市级财政主要负责大型全市性、区域性垃圾终端处理系统。为实现2015年垃圾处理示范城市目标，市级财政拨款为广大农村环卫保洁工作进行一定的投入是可取的。到2015年后再主要由各区（县级市）按常态负责。农村地区产生垃圾量占比相当大，但由于农村地区垃圾处理费收取困难，市级财政也应对负担较重的区（县级市）提供一定的经费支持。

（2）区（县级市）政府补贴。区（县级市）级财政要加大对农村卫生保洁的补贴，具体补贴方式为：环卫设施设备按照实际建造和购买费用，由区（县级市）、镇财政按一定比例承担；生活垃圾清运补贴，按镇当年在册农业人口人

---

① 以每500村（居）民配备保洁员1名的标准计算。

均日产垃圾1.01公斤的基数计算,由区(县级市)、镇财政按一定比例分担补贴;村保洁补贴,按镇当年在册农业人口,由各镇每人每年分别补助一定补贴,主要用于村环卫监督员和保洁员的工资、保险、服装以及清扫保洁工具等。区(县级市)专项补贴经费原则上每半年核拨一次,统一核拨到各镇环卫所,再由各镇环卫所综合辖区内各村实际垃圾清运、村庄保洁和村级集体经济状况等因素补贴到村,补贴情况需经区(县级市)农村环卫局审核,上报区财政局备案。

(3)镇级配套。各乡镇要在区(县级市)专项补贴的基础上,落实相应的村级环境卫生清运保洁配套经费,实际落实资金额度原则上不得低于区(县级市)补贴额度的60%。

(4)村级补充。各村要在区(县级市)、镇两级补贴的基础上,拓宽筹资渠道,通过企业捐助、结对帮扶、市场化运作等多种途径,落实缺口部分资金。对区(县级市)、镇两级下拨的专项清扫保洁经费必须专款专用。

(5)整合项目资金。

1)坚持"能卖拿去卖"。建议按1000户或一个行政村设一再生资源回收站,便民回收站(点)进社区(行政村)、有偿回收进家庭,再生资源有偿回收为主、清洁工人二次分拣为辅。这既实现了从源头上垃圾减量,又使居民家庭增加了一些收入。

2)坚持"有害单独放"。按照《关于城市生活垃圾分类工作中有害垃圾处理的意见》(穗城管函〔2010〕3号)要求,此项工作争取在2015年前全面覆盖到农村地区。

3)坚持"干湿要分开"。各区、县级市在生活垃圾分类推广普及中,如何把"干"、"湿"分开,怎么样分开?既要广泛宣传,又要现场示范引导。重点引导村民分类投放。同时,坚持作业单位上门收集与定点收集相结合、设桶收集与直收直运相结合,日产日清。在新建和完成截污的农村地区逐步推广安装厨余垃圾粉碎机,在垃圾收集的源头实现厨余垃圾减量。

4)调整优化收运处理系统。各区应积极优化现有生活垃圾收运点线;更新、改造分类收集工具、容器,调配运输车辆,建立完善的分类收运体系。升级改造现有生活垃圾压缩站,提高生活垃圾的脱水率和资源回收率。试点"垃圾不落地"收运模式。各区可各自选择一条行政村实施"定时定点,直收直运"试点。

5)试点厨余垃圾"专袋投放"。经济实力较强的行政村可选择两条实施厨余垃圾"专袋投放"试点。在城乡统筹较好的区(县级市)选择2～3个行政村，由物业发放广州市城管委制作的专用分类垃圾袋，厨余垃圾排放免费，其他垃圾排放计量收费（物业每天发放一个专用垃圾袋，每月进行统计，每减少一袋垃圾减免一定物业管理费），城管部门对小区生活垃圾减少量进行补贴，城管综合部门加强执法。生活垃圾分类应遵循村民家庭分类投放为主，清洁工人二次分拣为辅的原则。有条件的社区、生活小区可设立生活垃圾分拣房，各区（县级市）结合新的生活垃圾中转站建设，引进生活垃圾分拣技术，对生活垃圾实施二次分拣。建立健全农村生活垃圾收运体系，大力推行"户收集、村集中、镇转运、区（县级市）处理"的方式。

（6）试行征收农村生活垃圾处理费。目前，广州市中心城区居民每户每月5元垃圾处理费，暂住人员每人每月1元，机团单位每桶（0.3立方米）6元。垃圾处理费由街道收取清洁卫生费时一并收取。从2008年下半年开始垃圾处理费由上缴市财政专户改为上缴各区财政后全额返还街道，用于补充街道城市保洁经费不足，专款专用。中心城区垃圾处理经费由市财政从城市维护费中支付，各区无须支付辖区内垃圾处理所需费用。周边地区垃圾处理经费由区（县级市）政府支出，除番禺区于去年实施了进场垃圾收费外，其他均采用区（县级市）负责终处理、街镇负责清运的模式，未对辖区街镇征收处理费。

建议对农村地区适当收取农村生活垃圾处理费。虽然征收较难，但要让村民养成垃圾处理是需要支付成本的观念，逐步、坚定地推进收费制度对完善城乡生活垃圾收运处理机制建设必将产生积极影响。

三、政策建议

（一）建立政府主导的多元投入机制

一方面，目前广州农村垃圾收运体系运作经费尚存缺口，政府对于农村垃圾收运和处置的补贴不足。如白云区各镇垃圾运输经费主要靠收取村及其辖内企业的环卫费获得，不足部分由镇政府给予一定补贴支持，但镇政府的补贴还不足以弥补实际作业量上的经费缺口。向村民收费仍困难多多，向企业收费也不一定合理，而各地区村办企业参差不齐，难以保证。显然，农村卫生保洁工作要取得实效，政府必须加大专项投入。

另一方面，通过收取农村垃圾处理费，使村民转变对卫生保洁的观念；同时，全面强化责任意识，"一约三会"、与分红挂钩、"小手拉大手"等都是保证收费的方式。"谁受益、谁付费"的观念必须深入人心。从驻地各相关单位、生产企业到农户、门店适当收取一点费用。一方面要与群众做好收费的解释工作，以充分争取百姓的理解和支持；另一方面坚持"收支两条线"，将所征收的农村生活垃圾处理费、对不良环卫行为处罚所得的资金，全部严格返还到乡村环境卫生管理中。但对于收取费用的多寡、用途要有严格的规范，不能朝令夕改。

最后，要保证保洁人员工资收入水平，确保其责任心和垃圾收集清运工作的效率，通过保障收入来保障保洁时间和质量。也可尝试让保洁人员从垃圾分类中获得收益。

（二）不断完善现代化环卫基础设施和先进环卫设备

1. 坚持科技引领，着力配置现代化的环卫作业体系

机械化保洁作业，有速度快、面积大、效率高等特点，环卫保洁系统的机械化建设程度，也标志着该领域发展建设的状况。当前，想要完全"扔掉扫帚"一时间还不能实现，但是随着农村道路的不断扩大以及对环卫标准的要求越来越高等特点，过去的那种以人工密集型的环卫保洁作业方式已经不完全能够适应现状，因此要按照超前发展、科学规划、设施先进的原则，确保农村环卫配套设施的建设有序合理，降低环卫作业人员的作业强度，并结合本地实际，适当加大对清扫机械的购买投入，增加保洁区域机械清扫覆盖面。另外还要注意合理配置，对于一些开放型小区多，街巷支路多的地区，不仅要配置大型车辆，也要多配置小型清扫设备，达到保洁体系的合理化，以此构筑设备现代化的环卫保洁作业体系。

2. 注重现代农村自然生态与特色文化的有机融合

广州农村拥有良好的自然生态基础，好的生态还需要特色文化支撑。做好历史文化村落保护利用工作，是传承优秀历史文化的需要，是彰显广州岭南水乡文化特色的需要，是全面改善农民生产生活条件的需要，是发展农村旅游的需要。各地应结合农村环境卫生整治，大力提升农村传统文化品位，富含广府文化内涵，努力实现"保护促利用、利用重保护"。首先，注重提升历史文化名村的品位。广州有一批国家、省、市级命名的"历史文化名村"，这是广州建设世界文化名城的重要财富之一。应对破坏传统村落风貌的行为则要严厉制止，并切实保持村落环境长治久洁。其次，注重提升古村落的文化品位。对具有岭南建筑文化特色的古村落，在"修旧如旧"的修葺改造过程中，加强对村庄建筑文化内涵的解读和问题分析；在有效保护原有建筑空间和风貌的同时，整治村容村貌，注

重提升广府建筑文化内涵。最后，注重农村文物古迹的保护。广州农村现存大量的古祠、古桥、古树、古溪，这些散发出浓郁广府文化气息的文物古迹和古树名木，不仅展示了当地农村深厚的文化底蕴，也进一步提升了农村历史文化的吸引力。在农村环境整治过程中，应加强对这些文物古迹等人文历史资源的保护，以利于丰富农村环境文化内涵，充分展示当地人文历史，提升当地文化软实力。

3. 注重高起点农村建设规划

只有规划在前，才能彻底被避免农村环境"乱脏差"，只有高起点规划，才能从根本上保持农村良好的环境卫生秩序。一是政府相关部门应按照"重点突出、层次分明、特色鲜明、相互衔接"的思路，科学指导广州农村规划建设，组织各村修编完善村庄规划和各专项规划。二是强化规划设计，做到"无规划不设计，无设计不施工"。三是农村规划建设应符合村民意愿，量力而行，有序建设，最大限度地保留乡土元素和原有风貌，不"以城代乡"，片面追求农村"城市化"。四是农村规划应充分体现广府文化特色，注重基础设施与公共服务设施建设，注重民居设计，突出田园风光、园林景观、山水风情，同时要有利于生产发展、生活方便、生态保护和自然和谐。

4. 注重发挥农村休闲旅游的文化窗口作用

广州有着丰富的农村旅游资源，这是建设世界文化名城的重要窗口之一。一方面，应充分利用农村自然景观、田园风光、山水资源和农村文化，发展各具特色的农村休闲旅游业。通过制定规划，完善旅游基础设施，提升服务档次，引导社会资本投资经营农村旅游，形成以重点景区为龙头、骨干景点，农业科技项目为支撑，"农家乐"休闲旅游为基础的农村休闲旅游业发展格局；加快发展集美食、娱乐、住宿、农事体验为一体的农村休闲旅游业，推动"农家乐"休闲旅游业可持续发展，打造具有广州特色的农业休闲和农村旅游品牌。另一方面，应充分利用农村休闲旅游这一文化载体，广泛宣传具特色的广府文化，发挥文化引领和桥梁纽带作用。为了切实发挥这些窗口的正能量作用，必须紧紧围绕改善景区、景点环境卫生质量为中心，加强景区、景点生活服务设施建设，为广州塑造农村旅游形象品牌、培育农村旅游精品打下坚实的基础。

（三）建立现代化环卫保洁队伍

1. 调整优化现有农村环境卫生保洁队伍

根据现有农村环境卫生保洁队伍管理现状，结合加快推进美丽乡村人居环境建设的发展要求，为全面实现全市"农村生活垃圾收集率100%和自然村（经济社）一级的专业保洁员队伍配备率 100%"的发展目标，各乡镇必须进一步调整和优化农村保洁员队伍配置，建设一支"规模适度、作风文明、服务规范、技能娴熟"的农村环境卫生保洁队伍。结合乡镇农村人口数、自然村落数、村容环境巡查面积和财力保障等因素，建议广州农村环卫保洁员编制规模：按照每 500 人配置 1 名保洁员，或按照每一个自然村（经济社）配置 1 名保洁员的标准落实。

2. 强化农村环境卫生保洁队伍规范管理

（1）健全工作机制。加强农村环境卫生保洁队伍建设是政府公共服务向农村延伸、推进和实现市容环境卫生城乡一体化管理的必然要求。在设立农村环卫保洁员队伍的基础上，从区（县级市）到自然村均设立农村环卫保洁队伍管理机构（区农村环卫局、镇环卫所、村环卫站），由乡镇组织管理并派驻建制村从事农村环境卫生日常保洁服务。

（2）明确工作职责。农村环卫保洁以不断提高生活垃圾无害化处置水平，努力为农民提供良好居住环境为工作要求，在不断优化保洁队伍建设的同时，进一步明确区（县级市）农村环卫局、乡镇环卫所、村环卫站的工作任务，以及各职人员的职责，以绩效管理来助推乡村环卫长治久洁。

（3）强化动态管理。农村环境卫生保洁队伍是一支公益性保洁服务队伍，要不断完善并形成绩效考评的长效机制，激发农村环境卫生保洁员的工作积极性。要健全和规范农村环境卫生保洁员招聘、录用、培训以及辞退和自动离职动态管理制度，确保农村环境卫生保洁队伍的运行能力。

（四）积极构建政府引导下的多元参与机制

1. 实行结对帮扶

按照"政府领导、分级负担、以城带乡、结对帮扶"的原则，建立市政府领导包区（县级市），区（县级市）领导包镇，市和区（县级市）各部门、企事业单位包村工作机制，充分发挥城市的带动作用，加大城市人力、物力、财力对农村的支持，对各行政村环境卫生综合整治工作进行包抓结对帮扶，重点帮助改水改厕、建设环卫公共设施、治理环境卫生、硬化亮化美化村容村貌、建立长效机制。各镇也要建立领导包片、干部包村机制，组织指导各村开展环境卫生综合整治工作。各级各部门和企（事）业单位要在财力、物力上对所包村给予实质性帮扶，在规定时间内帮助所包村达到整治标准，保质保量完成整治工作任务。

2. 发挥社工义工的作用

（1）以农村环卫保洁工作为切入点，推进城乡社工、义工服务互动发展。广州是改革开放后率先发展志愿服务的城市之一。广州亚运会期间，超过83万名平安亚运志愿者，他们为广州"平安亚运"立下了不可磨灭的功勋。从目前发展的趋势看，广州具备了社工、义工组织向农村延伸发展的基础。如果能将这种较为成熟的"社工＋义工"模式延伸到当前广州农村环卫保洁工作中去，无论对于社工、义工服务组织的发展，还是实现农村环境卫生长治久洁，将产生积极的影响。

（2）开展农村环卫保洁"社工＋义工"服务试点。为了使便民的志愿者服务正常化，建议市相关部门积极配合当前开展的农村环卫保洁活动，选择若干个农村（社区）确定为"村志愿服务环卫站"试点，并引入"社工＋义工"的服务模式。在取得村（居）义工服务站试点工作经验后，逐步在全市农村推广村（居）志愿服务环卫站，同时借助村（居）志愿服务环卫站的平台，引导义工配合专业社工开展服务，建立"一个社工＋一个义工服务团队"的服务网络，形成"社工引领义工、义工协助社工"的运行机制，并带动广大村（民）共同参与农村志愿服务、参与农村社会公共治理。

（3）利用重大节日广泛开展农村环卫保洁志愿者服务活动。目前，重大节日在农村社区开展环卫保洁志愿者服务活动并不常见。建议今后每逢世界环保日、海洋日、环卫工人节以及其他重大节日，全市各级党政机关、群众团体、事业单位、高等院校、科研院所、中小学（幼儿园），结合本单位所帮扶的农村联系点和本单位驻地附近农村的实际情况，广泛组织开展农村环卫保洁志愿者服务活动。一方面，动员社会力量进行垃圾收集及农村社区环境大扫除，让成千上万的志愿服务者提升环境卫生意识；另一方面，让广大志愿服务者感受环卫保洁工人工作的艰苦，自觉养成"环境卫生，人人有责；美化环境，人人受益"的观念。

3. 发挥村民的主体参与作用

各村要充分发挥党支部、村委会、共青团、妇联、老人协会在农村卫生保洁中的作用，形成群策群治的良好氛围。各自然村（经济社）要将村庄环卫管理写进村规民约，制定出符合本村实际的卫生保洁制度。驻村有关学校、饭店、企业、建筑单位等要加强自我管理。所有村民要落实房前屋后"三包"责任制。所有"外来工"必须遵守乡村环卫保洁相关规定，自觉交缴农村生活垃圾处理费。通过村民的主体参与，最终实现广州城乡环卫保洁一体化。

课题组成员： 吴智文　苗兴壮　彭　澎　童晓频　祝宪民　梁凤莲

广州市政策性涉农保险的问题与对策研究

一、引言

目前，我国农村自然灾害经济救援主要有三种途径——政府救济、保险赔付、社会捐助，其中政府救济仍然占主导地位，政策性涉农保险赔付开始担当重要角色。然而，巨灾经济损失的数额通常较为巨大，政策性涉农保险刚刚起步，农民投保积极性不高，且逆选择和道德风险现象大量存在，保险公司在保险赔付方面承受着很大的风险。政策性涉农保险是国家从宏观经济利益出发，对关系国计民生的农业，以政府提供保费补贴的形式对特定农作物、特定养殖业实施保护政策而由保险公司开办的保险品种。它既是政府支农惠农的重要举措之一，又是实施"城乡一体工程"的重要内容。广州市作为省的涉农保险试点城市，已于2007年正式启动政策性农业保险试点工作。试点开展后，在展业过程中暴露出了一些矛盾和困难亟待解决。广州市水旱风等自然灾害发生频率高，影响范围广，造成的经济损失严重。农村自然灾害、农民增收与村民养老、医疗、危旧房等风险管理仍然是广州市各级政府今后长期"三农"工作的重点，建立和完善"涉农保"、"新农保"和"新农合"是当前迫切需要完善的农村社会安全网重要内容。为适应新型城市化建设的需要，保证灾后农村社会秩序和经济的快速恢复，建立一种由政府、保险公司与农户三方共同合理分散风险的机制成为必然选择。

二、广州农业水旱风灾情回顾及未来趋势分析

（一）水旱风灾害损失概况

1. 暴雨山洪造成的灾情严重，且人员伤亡多

近10年来，广州市北部地区常遭遇突发性暴雨和特大暴雨，导致山洪暴发、山体滑坡以及产生泥石流，造成严重的灾害。其中，以2010年为最严重。是年

暴雨次数多、强度大、持续时间长、强降雨引起内涝、危墙倒塌、山体滑坡等洪涝地质灾害。全市11个区（县级市）143个镇（街）受灾，受灾人口11.1万人，180间房屋倒塌，2.25万公顷农作物被淹，6人死亡，直接经济损失9.02亿元。

2. 台风影响频繁、范围广

广州市每年均受热带气旋影响。近10年来，以2008年影响最为严重。是年登陆华南影响广州市的台风共6个，其中第6号台风"风神"带来百年一遇强降雨；第14号强台风"黑格比"所造成的风暴潮增水与当日广州市各高潮位叠加，形成遍及全市的洪涝灾害；汛期全市共有11区（县级市）、73镇（街）受灾，受灾人口29.56万人，农作物受灾面积6.57万公顷，紧急转移被洪水围困的群众5.14万人，因灾死亡3人，倒塌房屋3 031间，直接经济损失11.29亿元。

3. 局部地区旱情严重

在10多年中，2002—2004年连续3年全市局部地区出现了不同程度的春旱或冬春连旱。2002年2月上旬至5月上旬，广州市春旱严重。2月1日至3月16日，老八区①连续44天累计总雨量只有19毫米；4月7日至5月8日，连续32天累计总雨量只有17.1毫米；从2月初至5月初，番禺、花都、增城、从化均比历史同期偏旱。2003年广州市春旱，2003年1月至3月，广州市老城区雨量偏少46%，番禺偏少62%，花都偏少54%，增城偏少57%，从化偏少48%；6月至7月，全市降雨量偏少常年90%以上，各区出现不同程度的旱情，仅从化农田受灾面积就达1535.33公顷。2004年广州市遭遇1963年以来最为严重的旱情，全市农田受灾面积13940公顷。1月至3月20日，广州市降雨量较常年同期降雨偏少50%～60%，对春耕生产造成不利影响；9月23日至12月31日，全市仅降雨5～16毫米，广州市老八区和番禺、从化创历史同期降雨量最低记录，花都、增城处于历史同期最少降雨量的第二位。各地降水均较常年同期平均偏少90%，致使全市各地均出现了不同程度的旱情，各地水库蓄水量大幅减少，有的干涸，个别村镇人畜饮水困难。

（二）2013—2015年水旱风灾害损失趋势分析

广州市是自然灾害多发地区，常年受水旱风灾害袭击，极易造成涉农经济损

---

① 广州市老八区是指原东山区、越秀区、荔湾区、天河区、海珠区、芳村区、白云区和黄埔区。

失。我们以 2001—2010 年广州市水旱风灾害损失中的几项主要指标数据作样本数，包括：农作物受灾面积（10.37、7.75、26.06、7.42、3.03、41.04、9.184、98.61、4.18、29.91 千公顷）、房屋倒塌间数（350、28、9、6236、1469、709、107、3031、2、184 间）、直接经济损失（2.515、2.358、2.729、1.168、5.716、3.387、0.369、11.288、0.488、9.018 亿元），运用时间序列法对 2013—2015 年灾害损失作趋势性事件预测。

我们从多年的随机试验过程中发现，元数越少，跑掉信息的可能性就越少，预测的结果就越逼近未来发展的事实，就越具有可信性。利用现有的数据按照简单移动平均值法，进行 3 年、5 年、7 年移动平均值外推，可以取得比较符合实际的结果。从我们预测的趋势看，2013—2015 年期间，广州市进入水旱风灾害高发期，灾害损失呈不断上升的态势；其中：每年全市农作物受灾面积 6.9 万公顷至 11.2 万公顷，每年全市农村因灾倒塌房屋 1180 间至 1961 间，每年全市因灾直接经济损失 11.8 亿元至 17 亿元。由于自然灾害的不可避免性，广大农村抵御水旱风灾害的能力还较薄弱，我们应防患于未然，既要加强城乡防灾减灾工程设施建设，又要从切实保护广大农民基本生存权的高度加强政策性涉农保险工作。

二、广州市政策性涉农保险现状及突出问题

（一）现状分析

1. 政策性住房保险

广州市是自然灾害频发的地区，因洪涝灾害、台风灾害等造成的农村住房倒塌事件常有发生。开展政策性农村住房保险，构建农村社会保险体系，完善救灾保障机制，是一项惠及广大农民的德政工程、民心工程。根据广东省政府办公厅《关于开展政策性农村住房保险的通知》（粤府办〔2009〕27 号），广州市从 2009 年下半年开始在全市范围内推行政策性农村住房保险。市金融办、市农业局、市财政局、各区（县级市）、镇街有关部门及人保财险广州市分公司联手，积极开展全市政策性农村住房保险工作，并将其作为广州市建设社会主义新农村的一项惠农新举措来抓。该保险标的是广州市农村户籍人口自有的、用于生活居

住的房屋，保险金额①为每户每年 10000 元，每户每年保险费②为 5.60 元，由市、区（县级市）级财政和农户分别承担 3 元、1.60 元和 1 元。保险范围涵盖了火灾、台风、暴雨、洪水、泥石流等绝大部分自然灾害和意外事故导致的房屋倒塌或毁损。2011 年，广州市具有农业常住人口的 7 个区、县级市共有 608791 农户投保，参保率 98.6%，缴纳保险费 340.92 万元；2012 年上半年，全市参保农户为 426607 户，农房保险的保险费收入 238.9 万元。③

2. 政策性水稻种植保险

政策性水稻种植保险是以政府推动、市场运作、农户自愿、协同推进为原则，以种植水稻的农户、国有农场、农业化龙头企业和专业合作组织、种植大户为保险对象，按照保险合同约定对因自然灾害造成水稻种植户损失予以赔偿的保险制度。根据《广东省政策性水稻种植保险试点工作实施方案》（粤农办发〔2009〕18 号）精神，广州市从 2011 年 7 月开始推行政策性水稻种植保险。每造每亩保险费 15 元，每造每亩保险金额 300 元，其中财政补助 80%（12 元/亩），农户只需承担 20%（3 元/亩）。当年下半年，全市有 5.9 万农户（企业）购买了水稻保险，参保面积达到 12.35 万亩（晚造），缴纳保险费 185.25 万元，保险金额为 3704.91 万元。2012 年上半年，全市有水稻种植的 7 个区（县级市）的农户（企业）购买政策性水稻种植保险（早造）34.69 万亩，承保率为 81%，比 2011 年晚造承保率提高 53 个百分点，缴纳保险费 520.38 万元，比 2011 年晚造保险费增加 335.13 万元，保险金额达 1.04 亿元。④ 政策性水稻保险的推出，体现了政府对水稻种植风险管理的重视，为广州市农业发展提供了基本制度保障。

3. 政策性能繁母猪保险

能繁母猪保险⑤是由地方财政对养殖场（户）投保的能繁母猪的保险费给予

---

① 保险金额，又称"保额"，是指一个保险合同项下保险公司承担赔偿或给付保险金责任的最高限额，即投保人对保险标的的实际投保金额；同时又是保险公司收取保险费的计算基础。

② 保险费就是保险产品的价格，一个产品的毛保险费 = 纯保险费 + 附加保险费，纯保险费主要用于保险赔付支出，附加保险费主要用于保险业务的各项营业支出，包括营业税、代理费、企业管理费、工资等。保险费与保险金额的比例称为保险费率。保险费率由纯费率和附加费率两部分组成，纯费率是用来支付赔款或保险金的费率，其计算依据因险种的不同而不同。财产保险的纯费率的计算依据是损失概率，人寿保险纯费率的计算依据是利率和死亡率。附加费率是附加保险费与保险金额的比例。

③ 资料来源：根据市政府金融办提供的资料整理。

④ 资料来源：根据市政府金融办提供的资料整理。

⑤ 指经当地畜牧兽医部门认定，具有繁殖能力的，猪龄在 8 月龄（含）以上、4 周岁（含）以下并按规定免疫并佩戴标识的母猪。

一定补贴的险种。该险种可为养殖场（户）的能繁母猪因多种重大病害[①]所引致的直接死亡提供政策性理赔。为稳定广州市生猪生产、保障养殖业者利益，根据省财政厅等部门下达的《广东省政策性能繁母猪保险实施方案（试行）》（粤财农〔2007〕321号）精神，广州市从2007年10月开始试行政策性能繁母猪保险。每头能繁母猪每年保险费60元，其中市、区（县级市）财政及养殖户的分担比例为：从化、增城市的保险费，广州市本级财政承担70%（42元），县级市财政承担10%（6元），养猪户承担20%（12元）；天河、白云、花都、番禺、南沙、萝岗区的保险费，市本级财政承担50%（30元），区财政承担30%（18元），养猪户承担20%（12元）。自2007年至2012年上半年，全市累计承保能繁母猪25.38万头，总保险费1522.75万元，市、区（县级市）级财政补贴1218.20万元，为全市各能繁母猪养殖企业（农户）提供了近3亿元的风险保障，其中2011年度广州市政策性能繁母猪保险承保46033头，保险费276.19万元，市区（县级市）两级财政补贴220.95万元；2012年上半年，承保能繁母猪41070头，总保险费达246.42万元。[②] 该保险是一项关系国计民生、政策性很强以及惠及农业、畜牧业和广大农村的重要举措，养殖业者只要支付12元的保险费，就不仅可以享受政府48元保险费补贴，还可以享受保险公司1000元的保险金额。此外，根据《国务院办公厅关于进一步扶持生猪生产稳定市场供应的通知》（国办发明电〔2007〕53号）精神，广州市从2008年度开始实施能繁母猪饲养直接补贴制度。省、市、县三级财政对能繁母猪饲养者按每头母猪每年100元的标准给予补助。

（二）主要问题

1. 涉农保险管理机制有待完善

由于目前广州市涉农保险处于从试点向面上推广的初始阶段，涉农保险产品少，涉农保险业务仅有7个区（县级市）60多万农户，全市农村致灾特点及其村民的保险需求相差较大，因而广州市涉农保险无论从管理体制、经费、人员配置、技术培训、监督考核等方面都需要进一步规范。

---

① 涵盖母猪饲养过程中面临的主要病害、自然灾害和意外事故，包括败血症、蓝舌病、痒病、猪瘟、猪肺炎、猪丹毒、蓝耳病、流行性腹泻、猪链球菌、口蹄疫及其免疫副反应、台风、龙卷风、暴雨、雷击、地震、洪水、冰雹、泥石流、山体滑坡、火灾、爆炸、建筑物倒塌、空中运行物体坠落等。

② 资料来源：根据市政府金融办提供的资料整理。

2. 基层单位行动却较为迟缓

一是全市从涉农的区（县级市）到乡村（居）均没有设立政策性涉农保险专管部门和配备专职干部，管理工作还没有走上正常化、规范化轨道，一些基层乡镇和村（居）兼职干部对政策性涉农保险工作积极性不高、责任心不强。二是乡镇和村（居）协保体系不完善，农险协保员制度有待建立。三是为应对上级考核，从村（经济社）集体资金中代村（居）民悉数投保，长期下去容易产生农村"准公共产品"分配上新的矛盾。

3. 逆向选择与道德风险现象仍较常见

广州市政策性涉农保险试点中主要出现低风险者不愿参保，参保者大多面临高风险的地块或产品。例如，目前能繁母猪保险专用耳标佩戴工作难度较大，在实际承保工作中，超过70%的能繁母猪均未按照要求佩戴专用耳标，而是采用农户自创的"剪耳缺"的标识方法，对母猪进行有效标识。在种植业保险中，虚报灾害损失现象时有发生。白云区江高镇水沥村农民以种植红葱、韭菜为主要经济收入，全村种植红葱农户900多户，种植面积达3500亩，每亩产值约2.1万元，目前日成交量达20多万斤，形成了"农户+基地+市场"的红葱产销一条龙格局，现已成为广州市15个蔬菜生产基地之一。为提高水沥村红葱和韭菜种植抗风险能力，人保财险广州市分公司根据中央和省、市领导指示，积极启动承保工作，但在实际推动工作中，部分风险较低地块的农户不愿意投保，但风险较高地块的农户表现出较高的投保积极性。

4. 保险有效需求不足

造成农业保险有效需求不足有三方面原因。一是农民深受传统农耕文化思想影响，对现代农业缺乏系统性认识，对政策性涉农保险产生抵触心理，甚至将其看成是一种"乱收费"或"捐税"。尽管市、区（县级市）政府组织了声势浩大的宣传发动（仅全市涉农保险宣传费就超过10万元），工作人员已深入到农户和田间地头，但绝大部分农户还是缺乏投保积极性。二是农民收入总体偏低且收入差距较大。2011年，番禺区农民人均纯收入17428元，从化市农民人均纯收入9856元;[①] 中低收入户中多以种养两业为主，收入很不稳定。他们对农业保险有潜在需求，但购买能力明显不足。三是传统农业耕作模式降低了农户农业保险的需求。

[①] 资料来源：2011年广州市国民经济和社会发展统计公报。

三、中外农业自然灾害保险的几点启示

（一）政府的涉农保险策略正确与否是涉农保险健康发展的生命线

国内不少专家学者认为，现阶段我国实施的"自愿保险"经营策略是不利于农业保险发展的。它容易造成被保险人与承保人均缺乏积极性，众多农户面对风险或存在侥幸心理，或等待政府救助。因此，如何高效推动涉农保险健康发展亟待寻找新的路径。近年，国内兄弟城市积极探索涉农保险策略，如宁波市政府根据该市农业生产物化成本逐渐提高，原有的农业保险品种保额与农户实际的保障需求差距加大的现状，从2012年起对水稻、小麦、能繁母猪、生猪等主要农产品的最高保险金额给予适当提高，但据有关专家分析，这种试图以不断提高保险费来缓冲承保人亏损的办法其效果还很难预料。广州市目前政策性涉农保险中各级政府出资补贴的部分（占保险费的绝大部分）已经是公共产品。公共产品具有取得方式的非竞争性、消费的非排他性和强制性以及效用的不可分性等特征。显然，政策性涉农保险绝大部分保险费属于强制性质的，而农户个人出资的仅占极少的部分，故此，政策性涉农保险作为"准公共产品"已得到了社会的广泛认同。从长远来看，国家将对基本农业保险逐步审慎地实行"强制性保险与自愿保险相结合"的政策。

（二）建立科学合理的投保人、承保人与政府之间的损失分担机制是广州市政策性涉农保险健康发展的关键

广州市在政策性涉农保险费的确定上，兼顾投保人缴费能力、财政补贴能力和保险公司的风险承受能力，实行"低保额、低保险费、保成本"的保险模式。农业自然灾害保险的准公共物品属性决定了政府必须对其提供税收优惠等政策支持。目前，广州市政策性涉农保险探索实行"两低一保"补偿机制能否真正均衡三方利益，最终实现支农、惠农的目标还需在实践中不断完善。

（三）大幅度提高赔付效率必将增强农民投保的积极性

保险理赔效率主要体现在现场勘查、调查取证、理赔控制、依法经营等。目前政策性涉农保险的技术手段缺乏，查勘定损的技术力量跟不上，影响到赔付的准确性，农户对此多有抱怨。如何运用先进的保险理赔技术、简化政策性涉农保

险理赔环节，提高赔付效率必将为增强农户投保积极性产生重要影响。

（四）对基本涉农产品实行"强制性保险与农户自愿相结合"的政策符合法理要求

近年，对我国农业保险是否实行强制保险，学界一直争论不休。主张采取强制性保险的意见则认为：对基本涉农产品在我国实行强制性，既符合保险业赖以建立的大数法则，又有充足的法理依据。[1] 我们认为，对农业基本保险实行"强制性保险与农户自愿相结合"的政策措施，符合法理要求，它将是广州市推进"城乡一体工程"的一大亮点。从保险技术层面上，一方面，可按照水稻种植保险的基本标准实行强制保险；另一方面，由保险公司根据农户投保欲望设定附加保险标的，按照自愿原则，根据被保险人与承保人双方的意愿开展产品保险业务。

四、对策建议

（一）积极宣传引导，广泛动员农户投保

为确保广州市农村自然灾害灾中救助和灾后恢复重建顺利开展，将灾民的经济损失降到最低限度，建议结合学习党的十八大精神，在全市农村广泛开展政策性涉农保险宣传教育活动。一是各乡镇党委、政府应发挥宣传发动的纽带作用。结合广州市美丽乡村建设，印发政策性涉农保险便民服务手册，宣传政策性农业保险相关政策、参保对象、保险责任、参保方法、受灾理赔程序等；利用镇村工作会议，宣传政策性农业保险政策和意义，强化镇村干部的引导意识；村级结合村民会议，宣传农业保险政策，参保、理赔方法，动员农户积极投保；同时在显眼位置绘制固定墙体标语和张贴标语，长期宣传、引导农户提高农业保险意识；利用农业保险投保、核灾查灾、理赔等多种时机，深入宣传政策性农业保险，并结合农技推广、农民专业技术培训宣传涉农保险。二是各承保的保险公司应发挥宣传发动的主体作用。三是各相关管理部门应发挥宣传发动的协调作用。通过电视台、电台、报纸、讲座、广告和宣传资料等有效途径，加强宣传教育，使全市广大村（居）民居安思危，学会如何编织"保险保障网"，如何"积谷防饥"，

---

[1] 何文强：《灾害救济与权利保护》，《行政与法》，2012年第7期。

从而积极主动参与涉保险活动。

(二) 充分发挥各级政府的引导作用，确保政策性涉农保险工作持续高效推进

1. 完善政策性农业保险地方性法规

为确保广州市农业灾害保险工作持续高效推进，应尽快完善政策性涉农保险地方性法规。通过制定"涉农保险条例"或"涉农保险规章"，进一步明确政府在涉农保险发展中的地位和作用，明确涉农保险的经营规则和运行机制，提高涉农保险供给质量和供给效率。

2. 加大涉农保险补贴力度

从广州市与宁波市的涉农保险补贴额度、赔付标准看，宁波市从2012年开始在原有基础上均提高了赔付标准但保险费不变，而且水稻种植保险农民负担部分仅为广州市农民的一半。因此，为应对各种自然灾害对广州市农业生产的影响，应适当提高农房、水稻种植等主要农产品的保险金额以及调整财政补助比例，使政策性涉农保险真正给广大农民带来实惠。政策性涉农保险作为准公共服务产品，既是改善农民生存环境、提高农民生活指数的基本措施，也是广州市城乡公共服务均质化的重要标识符。建议在现行保险费分担比例不变的前提下，借鉴宁波市的经验，适当提高农房险和水稻种植险的保险赔付标准和保险费标准。农房保险金额标准从现行的10000元/户·年，提高到25000元/户·年，保险费标准从现行的5.60元/户·年，提高到10元/户·年；水稻种植险金额标准从现行300元/亩·单造，提高到600元/亩·单造，保险费标准从现行的15元/亩·单造，提高到30元/亩·单造。目前，广州市仅对农房、水稻、能繁母猪保险等险种实行税收优惠，而对生猪、渔业与水产、肉鸡与蛋鸡、蔬菜、水果、花卉以及其他经济作物保险没有政策支持，对经营农业保险业务的保险机构也没有相应的经营管理费用补贴。为尽快改变这种状况，建议从一件件涉农的准公共服务产品入手，"应保尽保"，使广州市真正成为率先实现现代化的"排头兵"。

3. 健全乡镇和村涉农保险行政支持措施

政策性涉农保险工作，镇政府和村委承担了很大一部分宣传承保、查勘定损、理赔兑现等工作，对涉农保险发展起着重要作用。各乡镇政府应设立专门的"农业保险服务站"，配备专职干部负责；各村设立"涉农保险服务点"，指定专职干部负责；同时，镇、村均建立政策性涉农保险台账，保持政策支持的相对稳定性。

4. 建立基本农业保险协保员队伍制度

农业保险协保员是党和政府政策性涉农保险工作的战地宣传员和服务员。建立和完善一支业务能力强、综合素质过硬、群众基础好的协保员队伍，是广州市政策性涉农保险工作健康、快速和有序发展的关键。首先，精心选聘乡镇和村农险协保员。根据涉农保险的特点，各乡镇农险协保员应面向社会公开招聘（个别可在镇涉农机构工作人员中兼聘），要求品行端正，具有大专以上学历（金融保险专业人员优先）。村农险协保员主要在本村有较大影响力、群众威信高的骨干（如村支书、村主任、村会计等）中选聘。其次，明确乡镇和村农险协保员的管理责任。区（县级市）政府三农风险管理部门（未成立该部门前为农业局）和乡镇农业保险服务站（未成立该部门前为镇农办）负责对协保员的管理，包括：对协保员的聘任、培训、考核、奖惩等工作。最后，落实协保工作经费保障。政策性涉农保险基层协保经费主要是乡镇和村协保工作日常经费和协保员劳务费。为更好地调动协保员、协保管理部门和承保机构三方的工作积极性，此费用可由承保人（承保的保险公司）按照当地的保险费收入5%~7%的标准提取，用以支付协保日常工作经费和协保员劳务费。

5. 加强基层涉农保险人才培养

由于政策性涉农保险才刚刚起步，基层金融保险人才缺乏，应采取必要的紧急应对措施予以解决。目前，最紧迫的是各承保的保险公司应加强与省内高校以及金融研究机构合作，强化乡镇农业保险服务网点从业人员在职培训，提高现有金融保险从业人员以及协保员的服务素质，充分利用外部智力资源解决改革试点中的问题。

（三）充分发挥广州保险市场发育健全的优势，试行基本涉农保险产品"全面保险"与"全面保险+农户自愿保险"相结合的管理办法

1. 试行"农全保"与"农全保+"相结合管理办法的目的意义

首先，实行"农全保"与"农全保+"相结合，体现了涉农产品所有人（管理人）以及政府的社会责任。全面保险即对"农房保险"和"水稻种植保险"，在按照现行保险产品标的不变、赔付责任不变、保险费分担比例不变的前提下实现100%的参保率；"全面保险+农户自愿保险"即对蔬菜种植保险，以及塘鱼、能繁母猪、生猪养殖保险等涉农保险产品，首先按照其经营、使用场所占地面积以"水稻种植保险"的标准全面投保；然后再根据农户的意愿投商业

性保险。例如，一家能繁母猪养殖户，他必须在当地畜牧兽医部门认定能繁母猪数量的同时，核实其养殖场所占地面积，按照一定密度（如50头/亩）来确定被保险人参加"农全保+"需缴纳的保险费，即养殖场占地每亩按"水稻种植保险费分担标准"进行分担：省财政承担40%，市财政承担20%，区（县级市）财政承担20%，养殖户自负20%；在此基础上，保险公司再设定一些新的标的供养殖户自愿选择购买。其他诸如生猪、肉鸡、塘鱼养殖以及蔬菜、水果、花卉种植等可相类似设计。这种设计体现了确保国家粮食安全的政策。保护耕地处于良好的生产环境，事关国家经济安全。各级政府以及每个涉农产品所有人（管理人），都有履行保护基本农田和旱地耕作，确保国家粮食安全和各种农副产品供应的责任和义务。其次，实行"农全保"与"农全保+"相结合，对有效防范道德风险和逆选择现象，保证涉农产品所有人（管理人）以及各级政府财政部门全面参与，大幅度提高涉农保险产品参保率将起到积极作用，符合保险业运行的"大数法则"，有利于广州市农业保险健康发展。最后，实行"农全保"与"农全保+"相结合，符合保险经营简便、及时、足额原则。足额保险是财产保险中一项非常重要的原则，有各级财政与涉农产品所有人（管理人）风险分担机制，并且有政府应急管理部门的强势介入，一旦重大自然灾害造成的损失达到了《保险合同》约定的"触发值"（保险公司最低赔付标准），保险公司将会为被保险人及时、足额办理赔偿手续，以便涉农产品所有人（管理人）及时复耕复产、恢复生产生活秩序。

2. "农全保"与"农全保+"的参保对象

政策性涉农保险的参保对象为广州市内所有农房、水稻种植、能繁母猪养殖、生猪养殖、蔬菜种植所有人（管理人），以及省、市、区（县级市）政府财政部门。"农房险"为具有广州市农业户籍的常住农户；"水稻险"、"能繁母猪险"、"生猪养殖险"、"蔬菜种植险"等为广州市内所有种养植农户、国有农场、农业龙头企业、种植大户和农民专业合作组织（种植面积未达到50亩的农户，可以通过农村集体经济组织、农民专业合作组织、农业龙头企业或以村委会、自然村为单位组成联合体参保）；按比例分担保险费的省、市、区（县级市）政府财政部门。

3. "农全保"的保险责任、范围和保险金额

农民自有的生活居住房屋全倒塌或局部性倒塌；保险金额为灾害发生的直接物化成本的75%，全市统一设定物化成本、保险触发值及最高赔付保险金额。

水稻保险金额为灾害发生的直接物化成本（不包括人力成本）的75%，全

市统一设定物化成本、保险触发值及最高赔付保险金额。

4. "农全保"的保险费分担建议标准

农房保险费每户每年10元,由农户和市、区(县级市)级财政共同承担。市级财政承担53.5%(5.35元),区(县级市)财政承担28.5%(2.85元),农户自负18%(1.80元)。

水稻种植保险费每年每亩60元(一年两造),由省、市、区(县级市)三级财政和种植户共同承担;其中,省财政承担40%(24元),市财政承担20%(12元),区(县级市)财政承担20%(12元),种植户自负20%(12元)。

5. "农全保"与"农全保+"的风险管理原则

"全面保险"与"全面保险+农户自愿保险"实行"风险共担,最高赔付总额不封顶"的原则。从近10年广州市自然灾害灾情统计估算看,全市年均水稻和农房最高赔付约5659万元。而按照"农全保"与"农全保+"的设计标准,保险费收入将达8291万元,承保的保险公司正常年份可保本经营。为实现水稻、农房保险的健康、持续发展,还必须通过农业保险巨灾准备金和争取再保险支持来化解巨灾风险。从承保公司方面看,根据抗风险需要,保险经办机构应按"农全保"当年保险费收入10%的比例提取巨灾风险准备金,实行专户管理、滚存积累、定向使用。

各级政府财政承担的"农全保"保险费,每年列入财政预算,确保足额安排。为此,应设立专门科目管理保险费补贴资金,实行专项管理、分账核算,定期对保险费补贴资金使用情况进行监督和检查,确保专款专用。

涉农产品所有人(管理人)以及各级政府财政部门未按规定投保"农全保"的,"市政府灾害风险管理办公室"(暂由市政策性涉农保险试点工作领导小组办公室)应通知涉农产品所有人(管理人)以及各级政府财政部门依照规定投保,如果拒不执行的,必须记录在案,并作为政府年度绩效考核的依据,农户享受政府灾难救援与救济以及政府农业推广服务等的准入条件。"农全保"的保险期为1年(除农房、农田被政府征用等个别情形外)。涉农产品所有人(管理人)以及各级政府财政部门需分别投保各一份"农全保";涉农产品所有人(管理人)还可根据自身需要决定或选择购买不同责任限额的"农全保+",即商业保险。

6. 保险经办机构的选择

人保财险广州市分公司为广州涉农"农全保"和"农全保+"的经办机构,并接受广东省保险行业协会的监管和社会的监督,认真、合理地履行保险合同义务。

7. 保险条款的制定

涉农"农全保"和"农全保+"的具体条款，由承保公司与"市政府灾害风险管理办公室"（暂由市政策性涉农保险试点工作领导小组办公室）协商制定，报市人民政府批准实施。

8. 灾害损失理赔管理

当发生保险责任范围内的灾害事故时，首先由受灾所在地镇农业保险服务站（暂由镇农办）负责将各村受灾情况进行汇总，并负责向承保公司报案。一般案件由承保公司与受灾所在地镇农业保险服务站（暂由镇农办）、村协保员组成理赔查勘服务小组，进行现场查勘、定损，并及时取得被保险人代表认可。发生大面积灾害或重大疑难案件时，由"区政府灾害风险管理办公室"（暂由政策性涉农保险试点工作领导小组办公室）负责，会同承保公司、农业技术部门、受灾所在地镇农业保险服务站（暂由镇农办）、村协保员及相关专家等组成调查组，共同查勘定损。定损后仍有争议的，由"市政府灾害风险管理办公室"（暂由市政策性涉农保险试点工作领导小组办公室）组织相关部门、科研单位以及保险行业协会选聘专家组成涉农保险技术指导小组鉴定。投保农房损失率≥15%、水稻种植损失率≥20%的给予计赔。赔款理算后，承保公司组织出险所在地镇或村集体经济组织将理赔明细公示一周无异议后，由承保公司委托金融机构通过农民直补"一卡通"兑现理赔款。如公示期间有异议，要及时查明原因，妥善处理，确保理赔公开、赔款到户。具体理赔实施方案由选定的承保公司制定，报"市政府灾害风险管理办公室"（暂由市政策性涉农保险试点工作领导小组办公室）批准实施。

（四）设立市、区、乡镇和村灾害风险管理机构，确保涉农保险发挥好"稳定器"和"助推器"的作用

1. 市、区政府灾害风险管理办公室的基本职能

根据目前自然灾害尤其是涉农保险工作需要，市政府灾害风险管理办公室设置综合、宣传、涉农灾险管理、城区灾险管理、市场推广等若干内设处室，配备一定的国家公务员和事业编制；区（县级市）政府灾害风险管理办公室，可参照"市政府灾险办"对应配备相关科室和人员。

（1）严格执行中央和省政府有关自然灾害保险及其政策性涉农保险的政策，并根据政府授权，结合本地实际制定相应的政策措施。

（2）组织开展广泛的自然灾害保险宣传活动，对农民进行风险管理教育。

（3）组织本地自然灾害风险区划和政策性涉农保险费率分区工作，为明确保险责任、厘定保险费率提供技术支撑。

（4）设计自然灾害保险产品及其政策性涉农保险产品的费率、保险金额标准等，并不断开发农业保险新产品，按程序报同级政府和上级有关部门审定。

（5）设计基本农业保险的再保险，并按程序报同级政府和上级有关部门审定。

（6）筹集、管理本地巨灾准备基金，提出巨灾应急准备金使用建议，并按程序报同级政府审定。

（7）协调本地自然灾害及政策性涉农保险机构、各参与涉农保险主体之间的关系。

（8）根据中央和各级政府的授权，代表政府管理、审核和拨付财政补贴资金。

（9）组织自然灾害灾损理赔及善后工作。

（10）组织开展镇、村协保员培训工作。

2. 乡镇农业保险服务站的主要职责

乡镇农业保险服务站可配备事业编制干部 1～2 人和协保员（专职或兼职）2～3 人。其主要职能是：

（1）组织开展本地政策性涉农保险的宣传发动和投保工作。

（2）收集承保信息和投保资料，建立本地承保档案。

（3）受理各村涉农保险服务点（或农户）报案，并及时报告承保公司及区（县级市）政府主管部门。

（4）协助承保公司和上级主管部门做好查勘、定损和理赔工作。

（5）做好对理赔中有异议农户的解释工作，对重大特殊事件及时向区政府主管部门报告。

（6）协调镇、村、农户与承保公司的关系。

（7）做好对乡镇和村协保员的管理工作。

（8）组织开展本地涉农保险产品的防灾减损工作。

（9）协助区政府主管部门做好本镇灾害风险区划和费率分区工作。

3. 村涉农保险服务点的主要职责

村涉农保险服务点是本村基本农业保险的综合服务机构，配备村协保员 1～2 人。其主要职责是：

（1）负责本村涉农保险宣传发动和投保工作。

(2) 负责收取保险费、填写投保单与分户清单、填制核对受灾农户报损清单和转账卡号、理赔结果公示等工作。

(3) 协助承保公司做好查勘、定损和理赔工作。

(4) 协调村、农户与承保公司的关系，做好对理赔中有异议农户解释工作。

(5) 组织开展本村涉农保险产品的防灾减损工作。

(6) 协助上级做好本村灾害风险区划和费率分区工作。

（五）运用现代农业保险理赔技术，创立新型涉农保险产品

当前，我国正处在新一轮农业保险试验阶段。安徽省和上海南汇区等已开始试点。广州市涉农保险的加快发展，应充分整合和利用现有资源，包括气象、水利、林业、三防等部门建立气象灾害观测系统等。广州市已基本具备了"先行先试"条件，例如，据2011年年末统计，全市已建立雨量站247个（雨量站点密度为每30平方公里1个站点，远远超过每100平方公里1个站点的要求），并利用计算机广域网传递水情雨情，实现了全市水情雨情的实时查询和洪水预报模型化。可在筹设灾害风险管理机构的同时，依据广州市农村气候、土壤、地形地貌等特点，合理划分风险区域；在严格风险区划的基础上，逐步建立公平、合理、适度的多档次费率体系。

建议广州市选择个别乡村或种植、养殖业户开展试点工作，以便取得经验后在全市农村全面铺开。

课题组成员：吴智文　祝宪民　彭　澎　苗兴壮　梁凤莲

文 化 篇

广州海上丝路史迹文化资源保护与利用的思路及对策建议

文化是民族的血脉和城市的灵魂,把文化作为城市发展的核心要素,充分发挥文化在经济、政治、社会等各个领域的引领作用,用以提升城市在国际上的竞争力和影响力,已成为世人共识。广州自公元前214年(秦始皇三十三年)南海郡尉任嚣兴建"任嚣城"始,经历了2200多年的城建发展,积淀了十分丰硕的历史文化资源,文化底蕴非常深厚。其显著特点之一,就是广州建城之始,即具有强大的经济功能,尤以拓展海洋贸易著称,从而与海上丝路的开辟直接相关。海上丝路是古代中国与世界各国进行经济与文化交流的重要海上通道,在中外关系史上具有十分重要的地位。广州不仅是海上丝路的发祥地和重要枢纽,而且是世界海交史上唯一经历2000多年长盛不衰的大港和中国对外开放的第一港。在这发展的历程中,给我们留下了十分丰厚的海上丝路史迹文化资源,在海外商贸方面可谓独树一帜;在宗教文化方面更具特色,佛教、伊斯兰教、基督教、天主教等世界著名教系之在华传播,都可以从广州海上丝路史迹文化中获得充分见证,从而展现了人类文明相互交融和社会发展的历史轨迹。可以说,广州城区的不断扩大和城市地位的不断提升,实与海上丝路的拓展息息相关,因而广州海上丝路史迹文化,应是一个充分凸显广州历史文化主要特色的重要战略资源。当今21世纪已被公认为海洋世纪,我们应加倍珍惜先人留下的这份宝贵文化遗产,因而深入研究广州海上丝路史迹文化资源的保护与利用,在深入调研的基础上提出相应的对策建议,为市委、市政府以及有关部门提供理论依据与历史依据,这对于进一步提升广州作为国家中心城市的地位,推进新型城市化发展,以及加快建设国际商贸中心和世界文化名城的步伐,无疑具有重要的现实意义。

一、广州海上丝路的独特环境与拓展的历史轨迹

(一) 孕育广州海上丝路史迹文化的独特环境

广州之所以成为海上丝路发祥地,实与它所具有的独特环境密切相关。

1. 区域环境

秦末汉初，龙川县尉赵陀，于公元前204年创建"南越国"，建都番禺（广州的前称），由此奠定了广州在岭南的中心城市地位。五代十国时期，南汉主刘䶮于917年建立"南汉"，定都广州。明末清初，朱明后裔朱聿粤于1646年在广州建立了短暂的南明绍武政权，故广州尝有"三朝古都"之称。至于广州作为岭南地区首府的地位（包括郡治、州治、府治和省治），经历2000多年从来没有变异过，这在我国乃至世界的城市发展史上亦属鲜见。这种持续稳定性，对于海上丝路的拓展，自然产生重要的影响。

2. 自然环境

广州可谓得天独厚，它北靠广阔内陆，南滨浩瀚大海，很早就成为祖国的南大门。加上市内的云山珠水、三江汇萃、六脉通渠、气候温和、通海便捷，正是这种优越的自然环境，使广州早在秦汉时期就成为我国重要的港口城市。

3. 经济环境

广州也具有独特性。我国古代城市的兴起，绝大多数取决于政治、军事需要。广州城始建虽然也有政治与军事因素，但与我国古代城市的传统模式确实有所不同，它始建时海外经济交往功能已相当突出，如司马迁《史记》载："番禺（广州）亦其一都会也"；班固《汉书》载："中国往商贾者多取富焉。"市集交易的货物，相当多的是象牙、犀角、香料、玻璃器皿之类的舶来品。及至唐代便在广州设立了我国最早的，也是当时唯一的市舶司，专门负责管理海外贸易事宜。清代康熙年间更正式设置粤海关，乾隆中期又限定广州一口通商，"十三行"外贸也随之鼎盛，故广州尝有"千年商都"之称。所有这些，显然是与广州固有的强劲经济功能以及海上丝路不断拓展密切相关。

（二）广州海上丝路的开辟与拓展

1. 秦汉时期

早在先秦年代，岭南地区与南海沿岸各地已有一些海上交往。汉初统一岭南后，海外贸易日渐增多，以广州港为枢纽，船只沿南海近岸线，到达马来半岛及印度东南海岸，再由印度中转流向西方。

2. 两晋南北朝时期

由于造船技术的进步和航海经验的积累，船只已可航行于深海区域，从而开辟了自广州启航，经海南岛穿越西沙直达东南亚各国的便捷航道。其后又开通了穿越马六甲海峡，直航波斯湾及红海地区的航线，表明广州海上丝路已具有一定规模。

3. 唐朝时期

唐代中期是广州海上丝路开创新纪元的重要历史时期。主要原因是传统的陆上丝路与海上丝路优劣态势互易和盛衰转换，海上丝路终于取代了陆上丝路，成为中外交往与开展商贸的主干道。正是这一历史性转变，促使广州在众多的沿海港口城市中，牢固地确立了海外贸易的主港地位。在航线上也突破了原有的东向与南向分割的格局，实现了以广州港为枢纽的海上丝路全衔接。就是说，以广州为起点，东向可直航朝鲜和日本；南向可抵达越南、马来西亚、锡兰、爪哇、吕宋等港口；西向则历南海、印度洋、亚丁湾，直抵今沙特阿拉伯、阿联酋境内沿海港口，以巴士拉港为交会点再通往西方。由此，广州已成为世界各地，尤其是阿拉伯人瞩目的重要港市。

4. 宋元时期

南宋至元代，广州海上丝路的主港地位，虽然由于政治地缘关系一度被福建泉州取代，然而，即使在这期间，广州的海外贸易并未转差，并有一定发展，各远洋航线仍然保持畅通，因而到了明清时期，广州港就凭借自己的传统优势，重新恢复了海上丝路的主港地位。历史证明广州港在海上丝路所拥有的重要地位是无可代替的。

5. 明清时期

明末至清代，广州海上丝路的航线，随着世界形势的巨大变化而迅速拓展，已从南海、印度洋、太平洋拓展至大西洋。从广州港启航，不仅可以直通欧洲，而且还可以通达南、北美洲。如 1739—1743 年，北欧国家瑞典商船"哥德堡"号，曾先后三次远航抵达广州黄埔港。1784 年 2 月，美国商船"中国皇后"号从纽约港出发，横渡大西洋，于同年 8 月抵达广州黄埔港，实现了中美之间的直接通航。这些都标志着海上丝路已进入了环球畅通的时代，广州港在国际上的影响与声誉更加显著。

二、广州海上丝路丰厚的史迹文化资源与类别

（一）海上丝路史迹文化是人类文明的结晶

海上丝路是一条始于我国，连接亚洲、非洲、欧洲与美洲，沟通南海、印度洋、太平洋、地中海、大西洋的重要经济、文化通道。它航经世界各国纵横交错

的线路和星罗棋布的港口，构成一个巨大而严密的海上交通网络，极其有效地促进了东西方人类文明与经济、文化的交流融合，从而被国际社会认同为一条"友谊之路"、"和平之路"、"开放之路"与"繁荣之路"。历史证明，它是世界各国人民经过长期努力共同缔造的人类文明的结晶。

（二）广州海上丝路史迹文化资源的"龙头"地位

海上丝路在长达2000多年的发展历程中，沿线各国的主要港口城市都积淀了不计其数的珍贵史迹文化资源，并得到了有效的保护与开发利用，在城市现代化的进程中发挥其特有的效应与光彩。广州作为我国海上丝路的发祥地和重要枢纽，其史迹文化遗存更是十分丰厚，不仅数量多，而且分布范围广，在类别上呈现出多样性，文化内涵亦丰富多彩，这是一份十分宝贵的文化遗产。这些史迹文化遗存，已有不少分别被列为国家级重点文物保护单位（共10处）、省级文物保护单位（共9处）和市级文物保护单位（共12处），这充分表明，广州港在我国涉及海上丝路诸港口中，实居于龙头地位。此外，还有一些史迹遗存，目前虽未被列为文物保护单位，但都属于宝贵的文化资源，应该切实保护。现将广州海上丝路主要的史迹文化资源，按国家级、省级、市级文物保护单位及其批次顺序（附：尚未列为文物保护单位3处）表列于下。

表　广州海上丝路主要史迹文化资源

顺序	名称	年代	地点	保护级别与批次
1	光孝寺	五代、明	广州市光孝路109号	国家级、第一批（1961年3月）
2	怀圣寺与光塔	唐	广州市光塔路56号	国家级、第四批（1996年11月）
3	圣心大教堂	1888年	广州市一德路旧部前56号	同上
4	沙面建筑群	清	广州市荔湾区沙面岛	同上
5	南越国宫署遗址	秦、西汉	广州市中山四路316号	同上
6	南越文王墓	秦、西汉	广州市解放北路867号	同上
7	莲花山古采石场	西汉	广州市番禺区莲花山顶北	国家级、第五批（2001年6月）
8	六榕寺	宋	广州市六榕路87号	国家级、第六批（2006年）

续上表

顺序	名称	年代	地点	保护级别与批次
9	粤海关旧址	清	广州市沿江西路29号	同上
10	南越国木构水闸遗址	汉	广州市西湖路	同上
11	南海神庙	隋、明、清	广州市黄埔区庙头村	省级、第一批（1978年7月）
12	清真先贤古墓	唐	广州市解放北路901号	同上
13	六榕寺花塔	宋	广州市六榕路87号	省级、第三批（1989年6月）
14	镇海楼	明、民国	广州市越秀公园内	同上
15	琶洲塔	明、清	广州市新港东路琶洲村	同上
16	莲花塔	明、清	广州市番禺区莲花山	同上
17	莲花城	明、清	广州市番禺区莲花山	同上
18	粤海关旧址	清	广州市沿江西路29号	同上
19	外国人公墓	近代	广州市长洲深井村竹岗	同上
20	华林寺罗汉堂	清	广州市下九路华林寺	市级、第一批（1963年3月）
21	古海岸遗址	远古	广州市海珠区七星岗	市级、第二批（1983年8月）
22	赤岗塔	明	广州市海珠区赤岗	市级、第三批（1989年12月）
23	海幢寺	清	广州市海珠区南华中路188号	市级、第四批（1993年8月）
24	濠畔街清真寺	清	广州市天成路濠畔街387号	同上
25	锦纶会馆	清	广州市下九路西来新街21号	市级、第五批（1999年7月）

续上表

顺序	名称	年代	地点	保护级别与批次
26	柯拜船坞遗址	1845年	广州市长洲黄埔造船厂	同上
27	华林寺祖师墓群	明、清	广州市白云山二龙谷	市级、第六批（2002年7月）
28	巴斯教徒墓地	清	广州市黄埔区长洲	同上
29	回教坟场	清	广州市解放北路兰圃西侧	同上
30	波斯楼	1910年	广州市洪德路海天四望街	同上
31	黄埔古港遗址、黄埔村	明、清	广州市海珠区黄埔村	同上
32	蕃坊遗址	唐、宋	以广州市光塔路为中心	尚未列入各级文物保护单位
33	怀远驿旧址	明	广州市十八甫路	同上
34	十三行旧址	清	广州市十三行路	同上

（三）广州海上丝路史迹文化资源的类别

从上表可见，广州海上丝路史迹文化资源十分丰厚，应分类进行归纳整理研究，依据海上丝路的特点，拟将这些史迹文化资源分为以下五个类别。

1. 广州古海岸及港口航道地标性史迹

广州古海岸及港口航道地标性史迹主要有七星岗古海岸遗址、莲花塔、琶洲塔、赤岗塔、镇海楼。

2. 含有海外商贸文化因素的考古遗址

含有海外商贸文化因素的考古遗址主要有南越国宫署遗址、南越文王墓、南越国木构水闸遗址。

3. 宗教文化史迹

宗教文化史迹主要有光孝寺、西来初地与华林寺、六榕寺与花塔、怀圣寺与光塔、濠畔街清真寺、小东营清真寺、清真先贤古墓、回教坟场、圣心大教堂。

4. 古代海外通商港口、码头与机构史迹

古代海外通商港口、码头与机构史迹主要有南海神庙、黄埔古港与黄埔村、怀远驿旧址、粤海关旧址、十三行旧址、锦纶会馆、柯拜船坞。

5. 外商聚居、活动区域及墓葬史迹

外商聚居、活动区域及墓葬史迹主要有蕃坊遗址、海幢寺、沙面建筑群、波斯楼、巴斯商人墓群、外国人公墓。

三、广州海上丝路史迹文化资源管理工作的成效与存在问题

（一）基本成效

广州对历史文化资源的保护与开发，历来比较重视，而且起步较早，早在1963年3月就在省内率先公布了第一份"文物保护单位名录"，作为广州海上丝路重要的史迹文化资源之一的"华林寺"就入列其中。其后，"光孝寺"又入列首批国家级"重点文物保护单位"；"南海神庙"、"清真先贤古墓"亦被列为省级首批文物保护单位。到目前为止，广州海上丝路重要史迹遗存已有31项被列入各级"文物保护单位名录"。此外，广州对史迹资源的普查也开展得比较深入扎实，资源"家底"已比较清晰。有关主管部门不断加大对史迹资源保护开发的力度，不但使一些长期陷于濒危困境的资源得以复活，也使一些原有基础较好的资源，发挥出更大的影响力。其成效值得肯定。

1. 果断立法，成效显著

南越国宫署遗址，位于广州历史城区中心，其史迹遗存不但充分见证了广州2000多年城市发展与变迁，可说是广州城的"根"，而且从遗址出土了不少含有海外商贸文化因素的文物，成为广州海上丝路史迹文化的重要资源。该遗址自1995年被发现后，市政府对此高度重视，果断立法，颁布了《广州市南越国遗迹保护规定》，将有关南越国各遗址的保护、建设、管理与开发，纳入广州城市总体规划和法制轨道，明确划定了遗址的保护范围和建设控制地带，坚决停建保护范围内多项与遗址不协调的原建工程，甚至不惜斥巨资迁移儿童公园。迅速成立了专责保护机构，并组织专家对遗址进行精细发掘与考订研究，终使这份长期深藏地下的珍贵资源，得以再现于世。该遗址不仅被列为国家"重点文物保护单位"，而且还与"南越文王墓"、"南越国木构水闸"遗址一起，于2006年被国家文物局列入"中国世界文化遗产预备名单"，成为广州加快建设世界文化名城的一张重要名片。

2. 严格管理，资源保护与利用双赢

六榕寺与花塔，位于市区六榕路，始建于南朝，尝供奉从海外迎回的佛舍

利,是岭南佛教名刹。宋代著名文学家、书法家苏东坡莅寺瞻仰,欣然手题"六榕"寺榜,故名。2006年被国务院公布为"全国重点文物保护单位"。近年来,宗教管理部门按照《文物保护法》,对该寺、塔进行严格管理,配置了经过专业培训的专职管理人员,尤其重视寺、塔安全和消防工作,定期检测,防微杜渐。2001年,塔基曾出现微小倾斜现象,宗教管理部门立即委托专业机构以碳纤维进行维修加固,及时消除隐患,至今寺、塔均保存良好。管理部门还与市政部门密切配合,使六榕寺内外环境不断得到有效整治,不仅坚决拆除寺内不协调的违建,而且对寺、塔周边环境依法进行有效控制,使周边建筑在风貌、体量、高度、色彩等方面,最大限度地与古寺风格相协调。这种职责分明的严格管理,使六榕寺与花塔知名度越来越高,影响越来越大,中外游客不断增多,成为广州重要的旅游景点之一。

3. 切实整治内外环境,充分发挥资源的效应

清真先贤古墓,位于市内桂花岗(今兰圃西侧),是伊斯兰教在广州的重要圣地,也是广州海上丝路重要的史迹文化资源。相传是唐初来华传播伊斯兰教的阿拉伯先贤赛义德艾比·宛葛素的陵墓。墓园内至今仍保存着不同历史时期伊斯兰教的丧葬建筑艺术,以及众多阿文碑刻和牌匾,是研究伊斯兰教在华传播的历史依据,被列为省级首批文物保护单位,有关部门先后多次拨给专款,整治园区的内外环境,将陵园前的南北墓道贯通,并开通北门直连环市西路,使墓园的交通方便通畅,在周边广植树木,全面绿化。目前整个墓园绿树成荫,环境整洁清幽,身临其境,令人肃然起敬,被国内10个信仰伊斯兰教的民族和阿拉伯半岛、中东、北非、东南亚等36个国家的穆斯林奉为"小圣地",每年均有大批国内外穆斯林前来瞻仰,特别是每年广州春秋交易会期间,都有大批阿拉伯商人到此朝拜及诵读《古兰经》,凝聚力与辐射力不断增强。

4. 密切结合传统民俗节庆活动,扩大资源的影响力

南海神庙,位于黄埔区庙头村,始建于隋初,距今已有1400多年历史。该遗址作为古代扶胥港的主要组成部分,是广州海上丝路重要的史迹文化资源之一。目前庙内尚保存有唐代著名文学家韩愈所撰的《南海神广利王庙碑》,以及历代皇帝祭海碑刻30余方,其他有关记载海事的碑石更是不可胜数,故有"岭南碑林"之誉。该遗址被列为省级首批文物保护单位。主管部门充分利用春节、"波罗诞"千年庙会、"乞巧"文化节、龙舟节、中秋节等传统民俗庆节文化活动,广结人脉,积聚人气,参与各项庆典的人数有时多达数十万,从而使资源优势获得充分发挥,这一成功经验值得肯定。

（二）管理工作的薄弱环节

广州对海上丝路史迹文化资源保护与利用，虽然取得较好成效，但发展不平衡，从总体上看，主要存在下列问题：缺乏总体战略规划；在组织体制上缺乏一个高级别的负责监管和协调的权威机构；对资源的宣传推介力度不足；专业人才严重不足；没有形成一个"政府主导，社会参与"的有效机制，难以实现两者良性互动。

四、进一步做好广州海上丝路史迹文化资源保护与利用的对策建议

丰富多彩的广州海上丝路史迹文化，是最能体现广州历史文化主要特色的重要战略资源。世界上每一个城市都有自己的历史文化，在这方面如果把握不好，在城建发展规划中缺乏应有的历史文化内涵，必将陷入"千城一面"的困境，从而失去自己城市的特色。当今城市的发展以文化定输赢，已成为世人共识。广州作为国家颁定的首批历史文化名城，并以培育世界文化名城为战略目标，更应高度重视文脉的传承与扬播，树立高度的文化自信和文化自觉，高瞻远瞩，面向世界，面向未来。事实上进一步做好广州海上丝路史迹文化资源的有效保护、合理利用和有序开发，已成为一项关乎广州提升"国家中心城市"竞争力、培育"世界文化名城"的基础性工程。现根据我们对广州海上丝路史迹文化资源优势、现状、不足及存在问题所作的调研，对于如何进一步做好这些宝贵资源的保护与利用，提出以下对策与建议。

（一）建立具有权威性的广州海上丝路文化资源保护与开发督导委员会，统筹全局，科学决策，强化监管

广州海上丝路史迹文化资源虽然十分丰厚，并具有鲜明的特色，但目前在有效保护和合理开发利用上还存在一些问题。因此，必须尽快在行政层面上建立一个高级别、具有权威性的决策与监管机构，由市主要领导担纲，会同各区、各有关部门负责人以及资深的文物专家组成"广州海上丝路史迹文化资源保护与开发督导委员会"，负责统筹全局、统一决策、分层管理、定期检查、严格监管。用以保证广州海上丝路史迹文化资源保护与开发机制，能在优质、高效的条件下运行。事实上许多世界文化名城如巴黎、罗马、威尼斯、雅典等，对历史文化资源的保护与开发，大多通过政府高层统筹全局，制定总体规划，使之规范化和法

制化。总体规划一经确定，必须加强监管，任何部门、任何官员和个人均无权改变、破坏，否则必须追究其行政责任、民事责任，乃至刑事责任，以体现规划的严肃性与权威性。因而这些世界文化名城，无以不以其独特多彩的历史文化资源饮誉全球，历久不衰。这些宝贵经验很值得我们借鉴。

（二）制定总体规划，重点建好广州海上丝路文化四大博览区

广州海上丝路史迹文化资源保护与开发利用，当前比较突出的问题是相关主管部门各自为政，没有形成合力，致使资源的独特优势未能获得充分发挥，"小、散、弱"的困境长期未能摆脱。因此制定总体规划，必须强调紧抓重点、优化组合，集中人力、财力、物力，全力办好一批特色鲜明，在国内外均能产生重大影响的项目。为此，我们建议精心筹划、全力办好下列广州海上丝路史迹文化四大博览区。

1. 以南越国宫署遗址为核心的广州古都文化博览区

南越国宫署遗址，既是广州建都之始的标志性建筑，充分见证广州2000多年城市发展与变迁的历史轨迹，而且从遗址内出土了不少含有海外商贸文化因素的文物，成为广州海上丝路史迹文化的重要资源。该遗址被发现后，即受到国家、广东省和广州市政府的高度重视。2005年被财政部和国家文物局列入"十一五期间国家重要大遗址保护专项"。2006年又被列为"国家重点文物保护单位"，并与"南越王墓"、"南越国木构水闸"遗址一起组成"南越国遗迹"，被国家文物局列入"中国世界文化遗产预备名单"（2013年再获重申），从而成为我市"申遗"最有希望成功的项目和培育世界文化名城的重要品牌。故拟以"南越国宫署"遗址为核心，与"秦代船台"遗址、"南越王墓"、"南越国木构水闸"遗址，以及现北京路所展示的广州"千年古道"进行优化组合，连点成片，组建广州古都文化博览区，用以体现广州作为南国古都的风采。当前最重要的是妥善解决遗址内出现的地下水渗漏问题，以确保遗址的安全。同时加大对遗址诸殿苑及叠层历代遗迹、遗物的清理、鉴定和研究的力度，加快"南越王宫博物馆"的建设，对外部环境及配套设施亦应进一步完善，特别是设法解决缺乏大型停车场问题。

2. 以南海神庙、黄埔古港古村为核心的广州古港文化博览区

黄埔古村则是典型的江海交汇的港湾。清康熙二十四年（1685），粤海关在这里设置挂号口，并附设税馆、买办馆、夷务所等机构管理对外贸易，从而成为当时广州最重要的外港。乾隆中期，仅保留粤海关一口通商，黄埔古港因而进入

了鼎盛时期，持续时间长达170多年。黄埔古村这段辉煌的港口史，积淀了十分丰富的文化资源，其一是随着黄埔港的兴起，带动了"十三行"的发展与繁荣，两者优势互补，形成了一种富有岭南特色的商埠文化。其二是黄埔村至今仍保留许多见证古港变迁的史迹，如当年专门停泊外国商船（包括美国首航我国的"中国皇后号"）的"酱园码头"，以及众多富有中、西建筑艺术特色的宗祠、祀海神庙、商业街区、园林及民居等，这些均具有重要的历史文化价值。2002年，黄埔古港与古村落建筑群被列为市级"文物保护单位"。2006年，为迎接瑞典"哥德堡号"仿古商船的重访，市政府斥资修葺了古港遗址，并修建了"粤海第一关纪念馆"。随后，海珠区政府按照"村港一体"的原则，遵循"抽疏保旧、完善配套、适度开发、商业运作"的施工方案，对古港古村内外环境进行整治，已取得了较好效果，目前整个景区已有一定规模。为此，我们建议：开发范围不宜局限于黄埔村一地，应扩宽视野，以凸显广州古海港为主题，以"大黄埔"观念布局，由市政府牵头，黄埔区与海珠区联手，以南海神庙、黄埔古港古村为核心，就近联结长洲岛上的"洋关旧址"、"柯拜船坞"、"巴斯人墓地"、"外国人公墓"；往西则可扩延至琶洲塔与赤岗塔。从而使这些优质文化资源获得优化组合，连点成片，形成广州东南部重量级的海上丝路文化博览区，既可陆上游览，亦可水上观光。在博览区内还应组建一座规模宏大，中外文物与文献充实，以及声、光、电、图片影像完备的"广州古海港博物馆"，藉以扩大影响。此外，还应充分利用现有的有利条件和机遇，如地铁4号、5号、8号线的通达，广州国际会展中心的紧邻，广州塔以及附近的万亩生态果园、官洲国际生物岛、广州大学城等都拥有众多中外客源。博览区与旅游开发密切结合，通过"珠江游"和"广州古港游"，组合成一条集古代文化、现代文化以及生态美景于一体的、富有特色的旅游路线。

3. 以"十三行"遗址为核心的广州海外商贸文化博览区

"十三行"是广州海上丝路发展鼎盛的产物，也是广州作为外贸强市的历史见证。它从清代乾隆至道光年间（1757—1842），独揽全国海外贸易长达85年，充分体现了广州"千年商都"的独特地位。"十三行"的兴旺，不仅给粤海关带来了数额巨大的财政税收，致使广州有"富甲天下"之誉；它还直接带动了长堤的繁荣和整个西关地区的兴盛。"十三行"这一品牌，至今在世界上仍然有广泛影响。但遗憾的是我们对这一珍贵的文化资源未有给予应有的重视，甚至没有将它列入"文物保护单位"，以至目前这一宝贵资源已趋湮殁。当务之急是进行积极抢救，让"十三行"这份宝贵资源尽快复活，重现昔日光彩。抢救之方，首先应以现存的"十三行路"为坐标轴,依据中外文献记载,迅速划定"十三行"历史文化区域的保护红线,从法律层面实施强有力的保护。其二,抢救的关键在于深入发掘、整合和揭示当年"十三行"深厚的文化内涵。其实有关"十三行"的历史文献、图像等资料存世的相当多,除内地外,当年与"十三行"关系密切的香港、澳门及欧美诸国亦多有收藏,应积极搜集和整理,以补"十三行"实迹大多被毁之不足。其三,应大力整治周边环境。其四,将处于文化保护区内核心地段、当年"十三行夷馆"原址所在地、现今的"文化公园",改建为全开敞的"十三行史迹文化主题公园",在园内兴建"十三行历史文物博览馆"和充分反映"十三行"历史文化的大型雕塑广场。其五,对"十三行"路段现在的街区建筑物,按"整旧如故"的原则进行整饰,使之成为经营当年海上丝路中外特色商品的商业步行街,并在该路东、西两端路口,各建一座中西合璧、特色鲜明的入口牌坊,以壮景观。

在"十三行"文化资源复活的基础上,建议以"十三行"遗址为核心,联结邻近的"粤海关旧址"和富有特色的"沙面建筑群",组成广州海外商贸文化博览区。"十三行"遗址、"粤海关"、"沙面"三址紧密相连,拥有难得的地缘优势,况且面临珠江,水上景观更无比优美,只要将"优化组合"的文章做好,这一驰名中外的海外商贸文化博览区,必将成为广州建设"国际商贸中心"强大的推动力。

4. 以光孝寺、怀圣寺、圣心大教堂为核心的广州宗教文化博览区

广州宗教文化博览区,拟由光孝寺、六榕寺与花塔、华林寺与西来初地、怀圣寺与光塔、清真先贤古墓及天主教圣心大教堂共同组成。光孝寺原为东晋时期所建的"王国寺",中唐时(676)慧能在此剃发受戒,成为"禅宗圣地"。南宋初定名为"光孝寺",沿用至今未变。该寺以历史悠久、规模宏伟被誉为岭南佛教丛林之冠,并且成为我国历代中外佛教文化交流中心,被尊为"禅宗祖庭"。寺内存有大量碑刻及雕塑,对研究佛教文化有很高价值。1961年被列为国家首批"重点文物保护单位",目前该寺保护情况良好,每年均有大批信众及中外游客到此参观瞻仰,成为传播宗教文化的一个热点。

华林寺与西来初地,相传是1400年前印度僧人菩提达摩航海至广州,最先是在广州城西南郊(今下九路附近)登岸,并在该地建"西来庵"传教,后人为纪念这位高僧,遂将其登岸处定名为"西来初地"。清初,"西来庵"经扩建后改名"华林寺",成为广州佛教五大丛林之一,也是佛教从海路传入我国的重要物证,1963年被定为市级首批"文物保护单位"。该寺经大规模修葺,随着大

雄宝殿、六祖殿、伽蓝殿、五百罗汉堂等对外开放，影响越来越大。近年来，外国政要和佛教友人纷纷来寺参观交流，其中有来自斯里兰卡总统拉贾帕克萨及夫人、新加坡佛教总会访华交流团、孟加拉僧伽僧王达玛帕大长老、孟加拉佛教复兴会苏哈难陀会长一行，以及斯里兰卡佛教代表团、越南佛教代表团等先后来寺参观礼佛。中外信众与游客到寺参观游览的人数更是年年大增，成为开发基础较好的一个重要品牌。

上述六大宗教文化基地要组建为广州宗教文化博览区，存在最大的问题是点与点之间相对较为分散，除光孝寺与六榕寺相距较近外，其余各点均相距较远，要连点成片，组成宗教文化博览区，就必须与旅游部门紧密合作，共同开发，组织"广州宗教文化一日游"，才能发挥其应有的效应。从目前情况看，上述六大宗教文化点已有良好基础，均各自拥有较稳定和充裕的客源，只要双互协调，合作开发实非难事。广州宗教文化博览区的成功组建，必将在对外开放与经济文化交流中发挥重要的窗口作用。

（三）正确处理广州海上丝路史迹文化资源保护与开发的辩证关系

广州海上丝路史迹文化资源，具有鲜明的特色。其一是历史悠久，从秦汉至近现代，跨越不同历史时期，一直长盛不衰，充分体现它具有很强的可持续性。其二是富有商贸文化特色，故有"千年商都"之誉，尤其是以海外商贸驰名于世，更体现它的开放性。其三是宗教文化资源特别丰富，无论是佛教、伊斯兰教还是天主教的在华传播，都可以从这些文化资源中获得历史见证，从而体现它的包容性。其四是文化区位相对比较集中，史迹遗存的保护，基本情况良好。上述四点充分说明广州海上丝路史迹文化资源具有良好的开发条件。

以旅游业为主体的文化产业，是文化资源开发的一支重要力量，21世纪已被公认为全球文化产业，尤其是旅游业大发展的重要历史时期，无数事实证明，新世纪世界旅游业的增长点将集中于文化，以文化定输赢的大趋势已无可逆转。国务院颁发的《文化产业振兴规划》，标志着文化产业已升格为国家战略，对于文化资源的保护与开发，更明确地提出了"保护为主，抢救第一，合理利用，加强管理"的方针，其目的在于促使我们正确处理文化资源保护与开发的辩证关系，使两者优势互补，相互促进，实现保护—开发—保护的良性循环。具体地说，两者的辩证关系，表现如下。

1. 旅游开发是展现文化资源珍贵价值的有效途径

史迹文化资源，是人类文明的结晶，通过传承与扬播，促进人类文明向更高层次发展，从这一点上说，传播就成为非常重要的一环，文化资源只有广泛传播，才能最大限度发挥它的影响力、展现它的珍贵价值。旅游业除了纯属大自然的景观旅游外，很重要的一个方面，就是具有人文特色的旅游，它让人们从中认知和传承人类文明，使人们更多地了解人类历史和文化发展的轨迹，从而起到增广知识、陶冶性情、传承文脉、促进文化交流的重要作用。举个例说，澳门的"大三巴"，原是澳门最主要的耶稣会教堂——圣保禄堂的遗址，在传播天主教方面曾发挥过重大作用，它本身所拥有丰厚的历史文化价值无可置疑。但如果没有旅游业的大力开发，把它作为第一品牌全力推广，就很难达至如今蜚声国内外的效果。事实上"大三巴"已成为凡到澳门的中外旅客必去参观的重要文化景点。所以说，旅游开发是展现文化资源珍贵价值的有效途径，值得我们高度重视与关注。

2. 文化资源是旅游业可持续发展的基石

旅游既是一种经济现象，又是一种社会现象，除了一些自然风光景区外，有相当多的景区是以蕴含丰富的文化资源取胜。还是以我们的近邻澳门为例，它地方不大，自然景观亦无太多优势，但它的旅游业却与博彩业并称于世，成为澳门社会经济两大支柱之一，其关键是善于发掘和充分利用每个景区的历史文化资源。澳门政府通过立法，坚持实施"保护旧城区，另辟新城区"的城建方针，因而旧城区富有中葡文化交融的文化底蕴一直保存良好，以历史文化资源取胜，一举"申遗"成功，使澳门旅游业在国际上享有盛誉。可见澳门是有效地、充分地发掘和运用自身蕴含的历史文化资源，作为旅游业可持续发展的基石，这一成功经验很值得我们借鉴。事实上缺乏人文内涵的旅游景区，就显得没有"灵性"，

3. 当前文化资源旅游开发存在的问题

如上所述，文化资源与旅游开发，两者本来就存在着优势互补、协调发展的良性互动关系。文化资源固然应该坚持"保护第一"的原则，避免这种不可再生的珍贵资源遭受破坏而毁于一旦；但亦应防止另一种倾向，即实行禁锢式的"保护"，从而出现"一保就死"，无法发挥其效益，实现其价值。旅游开发则应坚持以文化资源为依托，进行科学开发与合理利用，实现可持续发展。但从目前情况看，在旅游开发中还存在一些优质资源长期未能合理利用开发，重景观建设，轻文化推介等问题。

4. 拓宽思路，开阔视野，着力铸造国际知名品牌

海上丝路是一条跨越太平洋、印度洋、大西洋；连结亚洲、非洲、欧洲、南

北美洲的重要海上通道，本来就具有很强的国际性。它沿途经历不少国家和地区的港口城市；就国内而言，与海上丝路有关的港口城市，除广州外，还有香港、澳门、泉州、福州、漳州、北海、宁波、扬州、蓬莱、崂山、烟台等。因此，在海上丝路史迹文化资源开发方面，固然应该首先做好本地区的工作，但总体的发展战略要求，绝不应局限于本地区，而应拓宽思路，开阔视野，着力于与海上丝路所经历的国家和地区进行联合开发。其实瑞典建造"哥德堡"号仿古商船重访中国，以及联合国教科文组织发起的"丝绸之路综合研究"，由各国专家组成的考察队，沿海上丝路进行综合考察并抵达我国，都具有典范的意义。因此，我们应该鼓励和支持有关部门和旅游业界，与国内外涉及海上丝路的港口城市进行联合调查、考察，开辟海上丝路的国内和国际旅游线路，积极开展与海上丝路相关的学术交流与研讨，加强宣传，扩大影响，着力于将广州海上丝路史迹文化项目铸造成国际知名品牌。

（四）完善"法律法规"、"人才培训"、"资金投入"三大机制，确保资源保护与开发顺利进行

广州海上丝路史迹文化保护与利用开发，是一项涉及面十分广泛、专业性很强的系统工程。与此相关的除史迹遗存所在单位及各区、镇（街）外，就政府职能部门而言就有文化、规划、城建、城管、财政、宗教、旅游、环卫和市政园林等多个部门。因此，除了要建立具有权威性的督导机构和制定总体规划作指引外，还应完善"法律法规"、"人才培训"和"资金投入"三大机制，以确保资源保护与开发得以顺利运行。

1. 完善法律法规，加强法制建设

当前对史迹文化资源造成严重破坏大致有两种情况，一是"破坏性建设"相当严重；二是人们对历史文化资源的保护意识十分薄弱，又缺乏严格的问责制度，往往是有责不问、违法不究，即使已被列为"文物保护单位"亦形同虚设。因而保护文化资源最有效的办法，就必须完善相关法律法规，加强立法，将资源保护与开发纳入法制轨道。如上海市政府立法保护"外滩"；澳门市政当局立法保护旧城区的成功经验，都值得借鉴。当前应抓紧制定一部有关"广州海上丝路"文化遗产保护的地方法律法规，为该项资源的保护与管理提供强有力的法律依据。事实上，依法管理已成为所有文明社会的重要标志，也是文化资源获得有效保护的重要保证。此外，还应根据我市的实际情况，在行政管理层面上制定相应的实施细则，使依法管理更具针对性、可行性和易操作性。对于文化产业

（尤其旅游业）的发展，应有明确的法律指引；对港澳台同胞、海外侨胞以及外籍人士或团体参与资源保护和开发，亦应在法律上和政策上作出具体的法律保障。最终目的是使"广州海上丝路"史迹文化资源的保护和管理工作走上有法可依、违法必究、依法管理的规范化轨道。

2. 加紧培训和引进高层次的专业人才

"广州海上丝路"史迹文化资源的保护与开发，是一项高层次、多学科、专业性很强的系统工程。这些资源所蕴含的丰富文化内涵，需要有大批具有较高科学文化素质的专业人才对它进行发掘、整理、考订、研究、传承与扬播，这是做好资源保护与开发工作非常重要的一环。广州的文化资源长期处于"小、散、弱"的困境，很重要的原因是专业人才（尤其是高水平的专业人才）严重缺乏所致。如"南海神庙"所藏大量中外文金石碑刻、文献及文物，由于缺乏专业人才，无法进行整理与研究，不得不长期尘封库房及散储民宅，其品牌自然难以提升。"南越国宫署"遗址亦因受专业人才不足的制约，影响其开发进度与质量。可以说如果没有一支学科完备、结构合理、具有相当水平的研究、保护、开发、管理的队伍，要创建在国内外都能"打得响"的优质文化品牌只能是一句空话。当务之急，一方面必须抓紧建立专业人才培训机制，与相关高等院校、科研机构合作，建立稳定的培训基地，对管理人员、技术人员及职能部门官员进行培训。另一方面还应在海内外广纳高才，并加强对外交流，出外考察，从"他山之石"中不断吸收先进经验，实现培养、引进、借鉴"三管齐下"，不断提高文管队伍的专业水平。

3. 建立多元化的资金筹集机制

"广州海上丝路"史迹文化资源保护与开发，都需要有足够的资金投入，才能取得应有的成效，像"南越国宫署"遗址的保护与开发，如果没有政府足够的财政支持，就很难取得如今的巨大成效。但我国是一个文物大国，我市的历史文化资源也十分丰厚，保护需要有足够资金，利用开发也需要有足够资金，如果仅靠政府财政投入的单一渠道就难免陷于力不从心的困境，事实上"广州海上丝路"的一些优质资源如"南海神庙"、"赤岗塔"、"琶洲塔"等，就是因资金投入不足而出现种种隐患。因此必须顺应形势，采取灵活方式进行改革，建立多元化的资金筹集机制，用以确保文化资源的保护与开发能稳定地发展。第一，广州市政府应按照国家颁布的《文物保护法》，将"广州海上丝路"史迹文化资源保护经费，以专项纳入市、区各级财政预算，以保证政府对文物保护经费的正常投入，这在当前仍是资金投入的主要渠道。第二，建议政府在政策上明确规定，所有与"广州海上丝路"相关联的旅游景区,其收益应按一定的比例纳入保护资金渠道。第三,积极争取国内外组织和个人为"广州海上丝路"史迹文化保护与开发捐资赞助。广州在这方面是具有优势的,出国华侨人数众多,港澳同胞大部分与广州市民有亲属关系,他们热爱乡梓,热心公益,只要我们制定适当政策,切实做到公正透明,从这个渠道筹集资金并非难事。况且"广州海上丝路"史迹遗存,如怀圣光塔寺、圣心大教堂、沙面、十三行、黄埔古港等,都与外国密切相关。因此应该加强国际合作,进一步完善有关对外文化交流政策,积极吸取国外的文化基金,以及团体、个人的捐款或投资,这也是多元化筹集资金的重要途径。

(五)抓好重点,争取"申遗"零的突破

世界文化遗产,是世界各国人民共同创造的人类文明(包括物质形态和非物质形态)的结晶,它体现着一种普世公认的价值,每个国家和每座城市,无不以拥有世界文化遗产为荣,这对于提升城市的知名度,以及建设世界文化名城均具有重大影响。目前世界各国出现了"申遗"热,我国各省市对"申遗"更是持续升温。因此,对于申报世界文化遗产的工作,值得我们高度关注与重视。

从我市文化资源的实际情况看,"南越国宫署"遗址和"广州海上丝路"史迹遗存这两个项目,已具备"申遗"的较好基础和有利条件。因此应以上述两个项目为重点,全力做好"申遗"的各项基础性工作,同时加大宣传推介力度,争取"申遗"取得重点突破。

1. "南越国宫署"遗址的"申遗"策略

"南越国宫署"遗址,既是广州作为文明古都的历史见证,充分展现了广州两千多年城市发展与变迁;同时遗址又出土了不少含有海外商贸文化因素的文物资料,成为"广州海上丝路"史迹文化的重要资源。目前该遗址资源保护和利用开发均进展良好,在国内外已产生重大影响,在1996年已被定为"国家重点文物保护单位",2006年又被国家文物局列入"中国世界文化遗产预备名单"。鉴于当前我国各城市"申遗"竞争十分激烈,因此国家采取宏观调控措施,规定各地的"申遗"项目,必须首先进入"预备名单",这是"申遗"很重要的一步,从这一点上说,"南越国宫署"遗址的"申遗"已占有先机,我们应抓紧这难得的机遇,精心筹划,夯实基础,切实做好自身的工作。当前工作的要点:一是加紧整理地表以下层层叠压多达12个不同历史时代的文物堆积,用更多的实物、实迹,力证广州古都经历2000多年,其城市中心地位始终延续不变,这

对于"申遗"无疑具有核心价值。二是遗址出土的100多枚南越木简,亦属珍贵资料,应加紧整理,进行科学研究与论证,用以丰富该遗址"申遗"的内容。三是尽快建好与遗址相匹配的"南越王宫博物馆",力争早日全面对外开放,用以扩大遗址在国内外的影响。四是对整个遗址及相关资源,应高度重视保持其"原真性"和"完整性",这是"申遗"必须遵循的重要准则。五是国家文物局是将"南越国宫署"遗址与"南越王墓"、"南越国木构水闸"遗址联结在一起,以"南越国遗迹"项目列入申遗的"预备名单",因而必须做好三者的优合组合。六是对遗址的外部环境及配套设施应进一步完善。七是要持续加大对该遗址的宣传推介力度。

2. "广州海上丝路"史迹遗存的"申遗"策略

关于"海上丝路"的"申遗",从国际上看已倾向于由点变线(横跨欧亚的海上经济文化线路),为此,联合国教科文组织已启动了"欧亚丝绸之路"的调研工作。从国内看,国家文物局亦因应形势迅速作出了调整:一是拟捆绑整合"陆上丝绸之路"和"海上丝绸之路"成"丝绸之路"总项目进行"申遗";二是拟整合我国沿海涉及"丝路"的港口城市整体申报。在"海上丝路"项目上,单一城市"申遗"已不可能,同时也预示"海上丝路"项目"申遗",将是一项漫长而复杂的工作。作为"海上丝路"的重要组成部分,广州应遵循"申遗"的重要原则,切实做好史迹遗存"原真性"和"完整性"的保护。二是对相关资源进行优化组合。三是进一步提高管理水平,夯实"申遗"的基础。四是提高研究水平,加强对外交流,加大宣传推广力度。

课题组成员: 关汉华 莫吉武 童晓频 闫晓青 丁 巍 叶 蓬 祝宪民

广州建设"图书馆之城"研究

公共图书馆服务的普遍均等和全覆盖,是保障公民基本文化权益,公平享受社会文化资源的主要途径。广州建设"图书馆之城",既是城市发展过程中文化自觉和文化关怀的一种体现,也是政府完善公共文化管理和构建公共文化服务体系的迫切需要。此外,它也彰显和丰富了广州世界文化名城的内涵。

一、"图书馆之城"的含义及国内外经验

(一)"图书馆之城"的含义

近年来,随着《国家"十一五"时期文化发展规划纲要》的颁布,全国许多地区如深圳、苏州、上海、嘉兴、北京、杭州、厦门、东莞等都进行了一系列探索实践,旨在实现普遍均等、惠及全民的公共图书馆服务。"图书馆之城"是其中之一。深圳、东莞、珠海、昆明等城市先后提出"图书馆之城"的建设思路,其中又以深圳最为成绩斐然。

在此基础上,广州提出建设"图书馆之城"的战略目标,其意义亦在于建立覆盖全城、服务全民的城市公共图书馆服务体系。公共图书馆服务体系是指一个国家或地区公共图书馆独立或通过合作方式提供图书馆服务的总和。从基础设施架构的角度看,公共图书馆服务体系包括所有实体图书馆、流动图书馆以及它们建立的馆外服务点、图书馆联盟、总分馆系统、区域性服务网络等服务平台。[①]

"图书馆之城",顾名思义,就是一座图书馆的城市,一个涵盖整个区域(城市)的图书馆系统。其内涵可以解读为:其一,数量之密集,分布之均衡,也就是地域上的"全覆盖",即保障所有人都能"就近获得服务";其二,以新技术为依托的网络化,区域资源共享,服务内容多元化;其三,在服务对象上应

---

① 邱冠华、于良芝、许晓霞:《覆盖全社会的公共图书馆服务体系:模式、技术支撑与方案》,北京图书馆出版社2008年版。

包含全社会，特别是要保障社会弱势群体的基本文化权益。

简言之，广州的"图书馆之城"，旨在构建以实现"普遍均等服务"为目标，"覆盖全社会"的公共图书馆服务体系。这一体系的建立，以"普遍均等"和"全覆盖"为关键词，应充分体现公共图书馆服务的核心精神：平等、免费、无差别，也就是1994年联合国教科文组织颁布的《公共图书馆宣言》所指出的，"公共图书馆应不分年龄、种族、性别、宗教、国籍、语言或社会地位，向所有的人提供平等的服务（Equality of access for all）。"

（二）国内外公共图书馆服务体系的构建模式

"图书馆之城"是一个比较形象的提法，其实质就是如何构建覆盖全城、服务全民的公共图书馆服务体系的问题。世界各国多年的实践经验表明，总分馆体系是目前既可以满足成本最小化又可以覆盖全社会，从而构建普遍均等的公共图书馆服务体系，保障民众就近服务、实现权力平等的最优模式。

总分馆体系指由同一个建设主体资助、同一个管理机构管理的图书馆群；其中一个图书馆处于核心地位作为总馆，其他若干图书馆处于从属地位作为分馆。[①] 总分馆体系通过标准统一的服务，实现资源的统筹分配和服务效益的最大化，因而具有运行高效、节约成本等优点。美国、英国、北欧、日本、澳大利亚、新加坡、香港等发达国家和地区，在相对完备的立法保障下，普遍选用总分馆体系来实现公共图书馆的普遍均等理念。

近年来，总分馆体系的构建已成为目前我国公共图书馆领域的主要发展趋势。比较典型的有苏州模式、嘉兴模式、上海的中心图书馆一卡通、杭州的一证通工程、佛山禅城区联合图书馆、深圳的"图书馆之城"以及东莞图书馆集群系统等。[②] 不过，在我国现行体制下，由于难以实现人财物的统一管理，这些围绕着总分馆体系所进行的各具特色的实践和探索，在本质上大多是"业务上联系相对紧密的准总分馆体系"或"区域性图书馆服务网络"的建设。

1. 国外公共图书馆的总分馆体系建设

西方发达国家普遍采用总分馆制实施公共图书馆服务的组织、管理和运行。（见表1）在英美日等各国法律中，地方政府都被规定为公共图书馆的主要建设

---

① 邱冠华、于良芝、许晓霞：《走进普遍均等时代：近年来我国公共图书馆服务体系构建研究》，《中国图书馆学报》，2008年第3期，第31－40页。

② 张娟、倪晓建：《我国公共图书馆总分馆体系建设模式分析》，《图书与情报》，2011年第6期，第17－20页。

表1 国外图书馆总分馆模式①

各国	建设主体	管理单元	建设机制	运行机制
美国公共图书馆系统	地方政府	图书馆管理委员会	建设主体根据图书馆法在辖区内构建公共图书馆服务系统,包括一个中心图书馆、各个分馆以及作为补充的流动图书馆	图书馆管理委员会负责对总分馆体系进行宏观规划,包括馆长任命、财务监督等。馆长负责日常行政和业务管理。总分馆之间的人财物统一管理
英国公共图书馆系统	地方政府	图书馆管理局	各地方政府在辖区内构建统一管理的图书馆服务系统,包括固定图书馆和流动图书馆,规模不等,均匀分布在各个市、镇、村	公共图书馆管理局负责对总分馆体系进行宏观管理和规划。总分馆之间人财物统一管理,标准由总馆制定
日本公共图书馆系统	都道府县和市町村	地方自治体指定管理者	地方自治体设立本辖区内的公共图书馆服务系统,包括核心的中央图书馆,各个地域图书馆,以及汽车移动图书馆(总馆和分馆服务半径未能覆盖的区域)	地方教育文员会负责公共图书馆的规划和管理。2003年后,改为地方政府指定的管理者全面负责图书馆的运营

① 张娟、倪晓建:《我国公共图书馆总分馆体系建设模式分析》,《图书与情报》,2001年第6期,第17-20,有删改。

主体，主要负责保障图书馆的建设经费。在具体的管理体制上，(由地方政府指定的)图书馆委员会或图书馆管理局负责对辖区内的公共图书馆服务进行宏观管理和规划；在具体的运作机制上，总分馆之间联系紧密，通过建立统一的建设标准、服务和管理平台，实行资源共享。

2. 国内公共图书馆服务体系建设

如前所述，总分馆体系通常是由同一个建设主体资助，同一个管理机构进行管理，然而，受限于分级财政的体制障碍，我国绝大多数地区的公共图书馆仍然采用"一级政府负责一个图书馆"的建设和管理方式。这种建设和管理方式的弊端在于，建设主体的行政级别越低，提供的经费和所能配置的资源就越少，因此公共图书馆的服务功能也就越弱；而行政级别高的建设主体所建设的图书馆，资源即使丰富也无法有效地向下延伸。在现有的"一级政府负责一个图书馆"的体制框架下，很难产生建设部门与主管部门同一性为基础的总分馆体系。或者说，总分馆体系建设的最大障碍是体制障碍——垂直层级管理的行政体制和分级管理的财政体制。[①] 2008年5月的"嘉兴共识"有如下表述："总分馆建设的最大障碍是体制障碍。具体地说，是总分馆制内在规律要求的人、财、物相对统一与现行行政'分级管理'、财政'分灶吃饭'体制的矛盾。总分馆制需要解决'合适的区域单元'和'合适的管理层级'的问题。"[②]

近年来，以总分馆体系为核心理念，全国各地所进行的公共图书馆服务体系的改良或创新，其实都是在现有的分级财政的体制框架内，寻求一种使图书馆共同体（统一管理和服务、联系相对紧密）成为可能的途径或模式，因此可以说基本都属于准总分馆体系的探索范畴。按照人财物的管理体制和运作机制，目前的探索主要分为两种：联盟性质的总分馆模式（区域性服务网络）和准总分馆模式。深圳的"图书馆之城"建设则是以上两种模式的混合：市、区两级的公共图书馆服务采用联盟图书馆的形式，区和街道图书馆之间实行总分馆模式。

（1）联盟性质的总分馆模式。或者叫做区域性图书馆服务网络，其本质是一种行业管理模式，由若干个总分馆体系和独立建制的图书馆共同组成。这种模式下的资源共享是通过行业合作完成的，不涉及人财物的统一管理，不改变各个图书馆原有的行政隶属及人事、财政关系。分馆或成员馆保持独立建制，总馆只是负责对分馆进行业务指导和协调。因此，区域性服务网络建设本质上是一个行业合作问题，并未涉及制度改革问题，因而也不是严格意义的总分馆形式。（见表2）

---

① 梁欣：《我国公共图书馆服务体系建设：治理模式研究》，《中国图书馆学报》，2009年第6期，第17-24页。

② 《嘉兴共识》，《中国文化报》，2008年5月10日第3版。

文化篇

表 2 我国部分区域性服务网络模式示例①

模式名称	建设机制	运行机制	规模范围
上海中心图书馆体系	2000年，上海图书馆作为中心馆，建立覆盖全市的图书馆服务体系，各个参与馆保持独立的行政隶属、人事和财政关系	2010年，上海中心图书馆服务体系拥有1个市馆、21家公共馆（分布在19个区县）、1家专业馆、1个大学馆，32家基层馆及1687个流通点	中心馆与区县图书馆之间资源共享，使用统一的一卡通。总分馆之间实行通借通还
北京市公共图书馆计算机服务网络	2003年，设立统一的计算机信息网络管理中心，构建"首都图书馆—区县图书馆—乡镇图书馆"三级服务网络，涵盖34个街道和乡镇	2009年11月，北京市公共图书馆计算机服务网络包括成员馆169家，实现通借通还的有58家	首都图书馆负责整个网络的规划协调，总馆与成员馆之间实行"一卡通"通借通还服务
杭州图书馆一证通	2004年，由杭州图书馆发起并作为中心馆，联合杭州少儿图书馆和7个县区公共图书馆，建立杭州地区公共图书馆一证通工程	2007年，下辖9个成员馆，76个社区基层服务点，15个乡镇基层服务点和16个集体流通点	杭州图书馆负责整个网络的系统及数据维护。公共图书馆网络统一使用杭州图书馆的ILAS-Ⅱ管理系统，实行通借通还

① 张娟、倪晓建：《我国公共图书馆总分馆体系建设模式分析》，《图书与情报》，2011年第6期，第17-20页，有删改。

（2）准总分馆模式。准总分馆模式的特点是建设主体的部分上移。上级政府和下级政府共同作为建设主体，投资建设同一个总分馆服务体系。总分馆之间可以实现通借通还。缺点在于政府投入往往是一次性的短期行为，随意性大，缺乏长效建设和保障机制；同时在行政管理上，分馆仍然隶属于各级政府，总分馆之间无法实行统一管理（经费、人事、资源分配等），因而不能形成国外那种联系紧密、服务规范的总分馆体系。（见表3）

表3 我国部分准总分馆模式示例①

模式名称	建设机制	运行机制	规模范围
东莞图书馆集群系统	由市政府和各级区、镇政府共同出资建设，市财政统筹管理系统和网络通信费用，镇区分馆其他建设费由所辖地政府承担	总分馆采用集群化管理系统。总馆承担总体规划和统筹协调职责，总分馆之间实行通借通还和资源共享，但不实行统一采购，产权归属各馆	2010年，下辖1个总馆、29个分馆、100多个服务站
苏州总分馆	由总馆负责资源配送以及人员服务，分馆所在地的基层政府负责提供场地、设备，承担物业等费用	总分馆之间资源共享，实行通借通还。总馆负责分馆的软件安装，人员配备以及文献资源配送等服务	2010年，全市6区建立了21家分馆
嘉兴总分馆	三级投入，集中管理。嘉兴图书馆为总馆，与各区、乡镇合作共建分馆。市、区、镇三级政府分别按照1:1:1的比例投入资金，保障分馆的建设和运行；总馆统一管理各个分馆，包括建设规划和日常管理等	总分馆之间实行通借通还。总馆建立统一的业务平台，文献资源统一采购和分编，提供统一的服务标准	2011年，以嘉兴图书馆为总馆，建立乡镇分馆12个

---

① 张娟、倪晓建：《我国公共图书馆总分馆体系建设模式分析》，《图书与情报》，2011年第6期，第17-20页，有删改。

(三) 国内外公共图书馆的服务方式与特色

1. 就近服务

要保障普遍均等的公共图书馆服务，往往意味着要在缺乏服务的地区建设新的机构、分支机构或服务点。因此，按合理的"就近服务标准"普及基层图书馆，不能困囿于行政体制、分级财政等因素，而应该以真正方便读者使用为根本目标。

譬如伦敦、纽约还有东京的公共图书馆服务体系，其分布都体现了就近服务的原则。如纽约的三大公共图书馆系统（纽约市公共图书馆、皇后区公共图书馆、布鲁克林区公共图书馆）（见图1、图2），都是结合本地区的人口分布和经济、社会发展需要，合理规划，科学布局，在选址分布上也都体现了相对均匀的特征。

图1　纽约皇后区公共图书馆分馆系统的分布情况①

---

①　http：//www. queenslibrary. org/zh-hans/ql_findabranch.

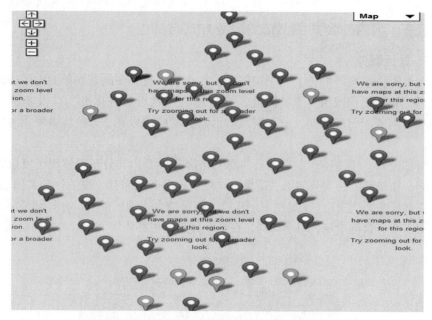

图 2　纽约布鲁克林区公共图书馆分馆系统的分布情况①

2. 多样化服务

国外比较发达的公共图书馆系统除了提供普遍的借阅服务外，还开展多样化的特色服务。如伦敦公共图书馆的定位兼具了教育、娱乐、网络、资讯、社区服务等各种功能。香港中央图书馆的主要功能包括资讯中心、自学及继续教育的媒介、推广香港文学及研究中心、休闲场所、文化中心等。波士顿公共图书馆的服务项目涉及人文与工艺、演出、可视化艺术、景点与博物馆、图书俱乐部、社区/市民会议、音乐会/现场演奏会、英语/扫盲、展览、电影、餐饮、健康、历史、游行及节庆活动、公园活动、社会网络、体育、儿童故事会时间活动、旅游与城市探索、研讨会与课程培训等。

美国的社区图书馆往往会根据当地读者群的特点来确定不同的职能，如社区信息中心、居民起居室或城市第三空间等特色功能。越是基层的图书馆，服务项目也越精细、务实。如纽约皇后区图书馆法拉盛分馆，该区华裔人口集中，所以特别重视对华人读者的服务。图书馆收藏了十多万册中文图书和大量的中文影像

---

① http：//www.brooklynpubliclibrary.org/map/. 2012 - 11 - 28.

资料，还经常举办中文讲座、研讨会以及各种音乐艺术活动，丰富了当地华人居民的生活。

3. 平等无差别服务

2001年日本文部省颁布的《公立图书馆设置与运营的期望标准》规定，"（市街村一类中小型公共图书馆）应该确保拥有开架阅览、文献收藏、咨询服务、集会展览、文献处理、视听影像和事务管理的空间与设备，还应该拥有满足面向儿童、青少年、老龄人、残疾人的图书馆服务设施和设备。"

美国公共图书馆在平等服务原则的基础上，特别重视为弱势群体和儿童提供多样化服务。如波士顿图书馆不仅面向普通读者，同时还考虑到儿童、中小学生、家庭主妇、残疾人、文盲、学者、多语种用户等不同身份背景的群体。海德公园分馆收藏的儿童绘本图书服务于儿童，马帕恩分馆面向青少年提供动漫读物和小说，康诺利分馆为残疾成人和儿童提供馆藏服务，北恩德分馆为老年人提供大字号小说，杜德利扫盲中心为文盲提供有针对性的服务，阿珀姆斯角分馆、法纳尔分馆为英语不是第一母语的读者提供法语、西班牙语、葡萄牙语、俄语等多语种文献服务。这些项目的实施充分体现了平等无差别服务的价值理念。

4. 社会参与

美国公共图书馆维持正常运作的经费来源，除了政府拨款之外，还有社会资助和自筹资金两个渠道。其中，社会资助的比例在逐年提高。政府通过各种激励政策支持社会力量兴办图书馆，比如企业、社会团体和个人，如果向图书馆捐赠，其数额可以抵销同年同等数额的税款。1886—1919年，美国钢铁大王卡耐基的基金会在全美1412个社区兴建了1689座公共图书馆。[①] 此外，图书馆基金会是美国公共图书馆经费来源的一个重要途径。图书馆基金会通过各种方式筹集资金，如来自个人、企业和其他基金会的资助，以及基金会对外投资的收益。筹集的资金通过图书馆基金会的专业管理，得到最有效的使用。

纽约公共图书馆的经费分为研究图书馆经费和分馆经费，大部分依靠纽约政府的拨款，小部分由州政府和联邦政府提供，另外还有相当大的一部分来自于社会资助。社会资助占图书馆年度经费总额的1/3左右，包括提供能源使用和直接金钱捐助等。除此之外，还有长期投资、实物捐助及项目资助等。

波士顿公共图书馆的正常运转，除了依靠政府拨款之外，很大程度上依赖于

---

① 王丽娜：《我国农村图书馆建设与图书馆》，《基金会设立之探讨》，《新世纪图书馆》，2008年，第80–82页。

图书馆理事会的信托基金。这些信托基金来源于于不同的机构、个人或基金会组织，每年数百项，每一项信托基金都有具体的捐助目标，如艾伦基金主要用于购买艺术表演类资料；爱丁堡图书馆基金偏重于为学者和科研人员服务；古文物书商基金专门捐助古旧善本书部门。这些捐助资金的投入都是长期的持续性的行为，因此，为波士顿公共图书馆的正常运转提供了有力的经费支持和保证。

我国的社区图书馆建设由于经费不足，往往存在工作人员缺乏或流失严重的情况。美国社区图书馆的人员配置借助了部分社会力量来有效地开展工作，是一种值得借鉴的模式。一般来说，美国社区图书馆的工作人员分为两种：一种是正式的图书馆员，另一种是小时工和志愿者。图书馆员通常接受过专业教育或培训，经过专业馆员资格考核和认定，承担采购书籍、提供咨询服务、组织读者活动等核心业务，保证图书馆的专业水准。人数不多，薪酬较高。小时工、志愿者主要从事图书馆的日常事务性工作，如借还图书、整理书架、清洁卫生等，报酬低或义务服务。不过，由于种种原因，在美国仍然有很多人愿意到图书馆打工或做志愿者。譬如按照美国法律的规定，美国的初中生和高中生在升入大学以前，必须具备参加社会实践的能力，所以，很多家长都希望孩子利用假期到图书馆参加社会实践。美国的老人也有很多喜欢在图书馆做义务工，这就有效地弥补了社区图书馆人员短缺的问题。

二、广州图书馆的现状

（一）省、市、区（县）级公共图书馆现状

截至2012年7月31日，广州市地域范围内有广东省立中山图书馆（以下简称省图）1间省级图书馆，广州图书馆（以下简称市图）、广州少年儿童图书馆（以下简称少图）2间副省级（地市级）图书馆和越秀区等12间区（县）级图书馆，均通过2009年全国公共图书馆第四次评估，达到国家一级图书馆标准。以上各公共图书馆共设有馆外分馆261个、汽车图书馆5辆、汽车图书馆服务点59个。各级图书馆设有全国文化信息资源共享工程支中心、未成年人图书、报刊阅览区、未成年人电子阅览室和盲人、视障人士阅览室等，较好地保障了广大群众的文化需求和阅读权益。

1. 场地设施

据调查，广州市内各省、市、区（县）级图书馆已有馆舍面积合计约21万

平方米，服务面积约 11.9 万平方米，阅览座席 15746 个。近 5 年有新馆建设落成（含广图新馆）的有 4 间，预计新增馆舍面积为 15.7 万平方米。

全市区县级以上图书馆共拥有网络服务器 180 台、电子计算机 2205 台、交换机 180 台、OPAC 专用计算机 117 台、计算机信息节点 4306 个。除省图外，14 间图书馆均采用图创 Interlib 图书馆管理系统处理日常图书流通数据。省图、越秀馆、南沙馆、花都馆、增城馆等 5 间图书馆开展了移动信息服务（手机图书馆或移动图书馆），为读者提供书目检索、个人借阅信息查询、书刊续借、服务指南、活动信息、图书馆通知或公告、图书馆概况等功能，大部分开通了"我的图书馆"、催还通知和移动阅读，部分图书馆提供了用户注册、欠款查询、预约通知、证挂失、意见建议、读者荐购、讲座预定和其他服务。例如，越秀区图书馆的移动信息平台就开通了地方文献阅览和图书捐赠等特色栏目。

目前，广州室内的省级公共图书馆现有馆舍建筑面积 7.8 万平方米、阅览座席 5603 个、电子计算机 525 台，其中 OPAC 专用查询机 20 台、信息节点 1578 个。副省级（地市级）公共图书馆现有馆舍建筑面积 2.65 万平方米，未来 5 年将新增馆舍面积 9.8 万平方米、阅览座席 2230 个、电子计算机 639 台，其中 OPAC 专用查询机 26 台、信息节点 884 个。区（县）级公共图书馆现有馆舍建筑面积 10.9 万平方米，未来 5 年将新增馆舍面积约 5.9 万平方米、阅览座席 7913 个、电子计算机 1041 台，其中 OPAC 专用查询机 71 台、信息节点 1844 个。

根据国家标准《公共图书馆服务规范》（GB/T 28220—2011）（以下简称《规范》）要求，公共图书馆的信息节点设置应不少于阅览座位的 30%，计算机总数量省级馆应有 100 台以上、地市级馆应有 60 台以上、区（县）级馆应有 30 台以上，其中读者使用计算机数量省级馆应达到 60 台以上、地市级馆达到 40 台以上、区（县）级馆达到 20 台以上，读者 OPAC 查询机数量省级馆应有 12 台以上、地市级馆应有 8 台以上、区（县）级馆应有 4 台以上。广州地域内各省、市、区（县）级以上公共图书馆的电子计算机数量、读者使用的电子计算机数量和 OPAC 查询机的数量均能达到《规范》的要求，但各馆信息节点建设的现状则不容乐观，很多都达不到《规范》中信息节点设置不少于阅览座位 30% 的要求，亟须加强信息节点的建设。

按广州常住人口 1270 万计，每千人享有省、市、区（县）级公共图书馆的服务面积约 9.36 平方米；阅览座位约 1.24 个，低于加拿大安大略公共图书馆指南 5 座/千人的指导标准，但处于文化部、建设部《公共图书馆建设标准》要求的 0.3～2.0 座/千人的区间内；读者专用电子计算机约 1.047 台/千人，略高于英国《公共图书馆服务标准》(2001年) 0.6～0.7台/千人。

2. 经费投入

在经费投入方面,2007—2009年间,广州地区省、市、区(县)级图书馆总经费预算每年均有一定幅度的增长。从总文献购置费看,2008年和2009年较上一年增长幅度较小,约5%;2010年出现文献购置费负增长;2011年由于广州市图书馆新馆的筹建,总文献购置费有较大的增长。按广州常住人口1270万计,2007—2011年间,广州地区人均享有省、市、区(县)级公共图书馆的购书经费平均约为5.13元/人/年(2008年,深圳市人均购书经费已达7.44元/人/年),达到《文化建设"十一五"规划》规定的人均公共图书馆购书费1.0元的要求。

省、市、区(县)级的文献购置经费既有层次,也有相对集中的现象。从行政级别的角度统计,省级公共图书馆即广东省立中山图书馆每年文献购置经费保持在4000万元左右,两间副省级(地市级)公共图书馆即广州图书馆和广州少年儿童图书馆的年购书经费在1330万元以上,2011年因广州市图书馆新馆的筹建,年度总文献购置费有较大幅度的增长。区(县)级公共图书馆的文献购置费不足,年度文献购置经费合计均未达到1000万元,即使在年度总购书经费最高的2010年,12间区(县)级公共图书馆的平均文献购置经费也不到76万/间,区县公共图书馆服务水平不足,将严重制约广州图书馆之城的建设。

3. 文献资源

据统计,广州地区文献总藏量约1717.5万册,其中包括馆藏图书1542.2万册、期刊合订本105.45万册、报纸合订本1.1万册。按广州常住人口1270万计,在包含省馆的统计口径下,人均拥有省、市、区(县)级公共图书馆馆藏文献1.3524册/件,人均藏书量约1.24143册/件(2008年,深圳人均藏书量1.533册/件),超过《文化建设"十一五"规划》人均0.6册的标准,但未达到国际图联《公共图书馆标准》人均2册的要求。

其中,省一级公共图书馆的文献总藏量为600万册;2间地市级公共图书馆文献总藏量为679.6万册,平均339.8万册/间;12间区县级公共图书馆文献总藏量约437.9万册,约36.5万册/间。与各级公共图书馆的文献购置经费相对应,广州地区的文献收藏主要集中于省、市两级,区县级的文献资源相对缺乏。

2007—2011年间,广州地区年均新增藏书约42万种、125.3万册,按广州常住人口1270万计,千人年均新增藏书量约98.661册/年,即使是年新增图书册数最多的2011年,千人年均新增藏书量也仅有127.23册,远达不到国际图联

《公共图书馆标准》千人年均新增藏书 250 册的要求。

4. 人员现状

截至 2012 年 8 月 15 日,广州地区的省、市、区(县)级公共图书馆从业人员共计 958 名,其中,正式职工 798 名、临时员工 160 名。按文化部《省、自治区、市图书馆工作条例》的建设参考指标,以每 50 万册图书、70 名工作人员为基数,每增加 1 万～1.3 万册图书增 1 人。按此标准,广州市地域内 15 家区(县)级以上公共图书馆中,忽略藏书量未达 50 万、工作人员未到 70 名的 10 家区(县)级图书馆不计,仅 5 家藏书量超过 50 万的省、市、区(县)级公共图书馆就需增加工作人员 396～631 名。

广州地区的省、市、区(县)级公共图书馆从业人员中,全部达到了大专及以上学历水平,其中大学本科及以上学历 553 人,占总人数的 72.8%,总体学历水平较高。其职称状况为:高级 11%、中级 43.8%、初级 45.1%,成金字塔状分布,虽然达到了文化部省、市、县级图书馆评估标准(2009),但高级职称人员尤其是区(县)级图书馆的高级职称人员较少,需持续鼓励图书馆从业人员提高自身的学术水平和科研能力。

(二)街镇、社区图书馆(图书室)现状

2009 年,广州开始大力实施文化惠民工程,公共文化服务网络不断健全,服务质量和水平迅速提升,社区公共文化建设取得了显著成绩。文化信息资源共享工程在文化室和基层服务点基本实现全覆盖,包括全市 1500 个社区和 1142 个行政村。文化室藏书共 380 多万册。"社区(农家)书屋"基本全部覆盖,面积达到 200 平方米的文化室有 800 多个,同时,配套建设"绿色网园"759 家,"城市十分钟文化圈"和"农村十分钟文化圈"已经初步形成。

根据调研,大部分街(镇)、社区图书室在条件有限的情况下仍然竭力为社区群众提供服务,得到群众的支持。但调查同时发现,街(镇)、社区图书馆在场地设施、经费投入、人员配置、服务效益等方面均存在较大差距,主要体现在以下几个方面。

1. 场地设施

街(镇)图书馆一般设在文化站里面,多无独立运营的公共图书馆,与老年之家、少儿活动中心甚至麻将室等安排在一起,功能混杂、场地条件有限,因此服务面积也较少,阅读环境比较差。特别是在老城区如越秀、海珠、天河区等更是如此。

2. 文献经费投入

街（镇）文化站的文献购置经费未纳入本级政府财政预算，因此多数街镇文化站的文献购置经费不足，仅有的行政经费仅能保障图书室的水电和人员工资等费用，无法开展图书采购工作。目前图书主要来自市、区图书馆的支持以及各部门开展相关主题活动提供的支持。已纳入通借通还的街（镇）分馆图书更新较有保障，没有纳入通借通还系统的图书室往往文献资料更新缓慢、老化严重，无法对读者构成有效吸引力，因此造成图书室使用率下降。

3. 人员现状

目前文化站一般要求配置1～3名工作人员，基本上有1人确保图书馆的正常开放。在社区文化室从2011年起每年由市委宣传部和各区按比例共同出资10000元，解决管理人员的工资问题，保证有1人维持文化室的正常开放，但由于基层工作的多样性，此工作人员往往也要承担其他相关工作，对文化室的正常开放造成一定影响。

此外，街镇和社区级的图书馆（室）管理人员普遍都未接受过专业教育，虽然市、区图书馆都举办过各种形式的培训，但服务水平和服务技能离群众需求仍然有一定差距。

（三）资源分布情况

根据广州市图书馆学会秘书长席涛研究员2012年发表的论文《广州地区公共图书馆事业均衡发展实证研究》采用的数据，广州图书馆资源分布有以下几个特点：一是市图文献购置费、图书藏量、人员配置等方面处于绝对领导地位，比如文献购置费用为1100万元，而区县图书馆中最多的是番禺区，也仅为105万元；二是区（县）图书馆之间也存在较大的差距，比如文献购置费用番禺区是105万元，而增城仅为12万元；三是区（县）图书馆工作人员偏少，除南沙情况特殊外，11个区（县）图书馆工作人员平均为每间27人。具体数据见表4。

表4 广州地区图书馆资源基本情况

	文献购置费 （万元）	馆藏资源量 （万册/件）	馆舍建设面积 （万 m^2）	座位量 （个）	工作人员 （人）
广州馆	1100	386	1.77	1758	185
越秀	68	47	1.2	1248	37

续上表

	文献购置费（万元）	馆藏资源量（万册/件）	馆舍建设面积（万 m²）	座位量（个）	工作人员（人）
天河	60	41	0.52	807	11
海珠	55	26	0.5	500	18
白云	30	30	0.61	510	10
荔湾	60	43	0.6	600	28
萝岗	70	18	0.4	500	10
黄埔	72	42	1.21	925	17
从化	20	32	1.2	300	25
增城	12	23	3.28	269	15
花都	40	41	0.86	830	26
番禺	105	49	0.42	366	31
南沙	80	10	0.63	511	3

（资料来源：席涛等、付跃、安李阳：《广州地区公共图书馆事业均衡发展实证研究》，载《公共图书馆》2012 年第 1 期）

（四）存在的问题

图书馆之城建设的成功与否取决于图书馆的广度和深度，不但需要有大量的经费保障，同时需要有专业的从业人员。综合以上的材料分析，广州图书馆建设目前主要存在以下问题。

1. 尚未建立健全有效的经费保障机制

虽然要求"各级文化事业经费高于当地财政总支出的 1%"，但这个要求约束力不强。"文化事业经费"包含哪些内容不明确，造成文化投入容易走样。在调查中发现一些街镇甚至把建公园、装路灯、搞绿化也算成文化建设。因资金短缺，送书下乡等活动的开展也比较困难。特别是增城、从化等地的乡镇和村，因财力有限，图书馆经费短缺，普遍存在读书难、用网难等现实问题。

经费问题在基层比较明显。以"农家书屋"工程为例，2008 年至 2010 年，广州市区两级财政共同投入经费 5783.53 万元，历时三年将"农家书屋"全部建好，但从第四年开始，财政不再投入，图书经费无着落，使每年 5%～10% 的图书更新无法保证。

2. 文化人才队伍建设有待进一步加强

在图书馆事业的建设和发展中，人才要素最为关键。从业人员不仅决定服务质量、水平和效率，同时还决定图书馆的品位和深度。专业人才不足问题存在一定的普遍性。在街（镇）一级，按相关规定省一级文化编制为3人、特级站5人，图书室或者图书馆属于文化站的一部分，最乐观的情况也只能专职1人。市馆、区县馆覆盖面小，图书馆之城的成败取决于街（镇）图书馆或者图书室的规模和质量，基层从业人员不足会在很大程度上影响全市图书馆事业的发展。

三、广州建设"图书馆之城"的行动方案

结合国内外图书馆建设的经验及广州实际，特提出广州建设"图书馆之城"的行动方案。

（一）加快图书馆立法，为广州市"图书馆之城"的建设和发展提供法律保障

图书馆事业的健康发展离不开强有力的法律保障。英国公共图书馆的开拓者爱得华兹（Edward Edwards）曾说："公共图书馆要成为一个永久的机构，立法是不可少的。"联合国教科文组织也提出相似的观点，"为了提供永久性和不断发展的国家图书馆事业，全面管理和协调只有靠立法才能获得。"广州建设"图书馆之城"，首先必须制定并通过《广州市图书馆条例》（以下简称《条例》），依法治馆，将图书馆的各项工作纳入法制轨道。

首先，应明确图书馆立法的目的。制定《条例》，是为广州图书馆事业发展提供法律保障，协调和优化发展和运作的机制，建立有利于广州图书馆事业发展的法制环境。本质在于维护广州市民基本的学习权利。因此，《条例》应是权利保障性的而非义务规范性的法规。

其次，《条例》应反映"以人为本"的现代图书馆发展理念。联合国教科文组织在《公共图书馆宣言》中指出，"公共图书馆的大门必须是自由平等地向全体社会成员敞开。"《条例》应体现这种平等、公益的图书馆服务理念，并应特别关注那些其权益容易被忽视或需要特殊保障的弱势群体（如外来务工人员、残障人士），应制定相应措施保障他们基本的学习权利。

再次，在立法过程中，应参考图书馆建设相关的国际条约或协定，如《联

合国教科文组织公共图书馆宣言》、《国际图书馆联盟（IFLA）规约》、《图书宪章》、《联合国教科文组织公共图书馆媒介服务宣言》、《面向视听残觉残疾者的图书馆服务的 I – FLA 指针》、《世界版权公约》等。同时，也要参考国内的与图书馆事业发展相关的重要法律法规，与之保持协调一致。

又次，在立法内容方面，《条例》应涵盖图书馆管理的各项内容，统一规范图书馆的各项业务标准，明确图书馆管理和运行机制。如明确规定人均图书馆图书拥有量；明确规定地方财政保障图书馆事业发展的经费比例，确保图书馆经费随着财政收入增长；明确规定图书馆馆长、馆员的任职条件，人员的配备以及管理、培训和考核机制，并考虑条件成熟时制定一整套涉及职业精神、职业资格制度、图书馆管理等问题的行业规范。鉴于广州建设"图书馆之城"的目标，应特别关注两个问题：一是馆际协作及资源共享；二是数字图书馆，除规定相应的技术标准外，还要注意知识产权的问题。

最后，《条例》应对修订的问题有明确规定。"图书馆之城"的建设与科技进步、居民构成及其他社会经济文化因素相关，因此，《条例》应定期或不定期依据现状作相应的调整。如为保障各州公共图书馆的与时俱进，美国州立图书馆法基本上每隔两年修订一次，以保障读者的使用权利，这种方式值得借鉴。

（二）创新体制，走总/分馆制建设的道路，试行集中采购，实现资源的合理配置和共享

由于存在分级财政的体制障碍，目前，我国公共图书馆建设大部分仍然采取"一级政府建设与管理一座图书馆"的分级管理模式。广州建设"图书馆之城"，就是要建设一个覆盖全城、服务全民的文献信息资源共享的图书馆网，因此，在一定程度上改变原来的建设模式和管理方式，创新体制，走总分馆制建设的道路，已是势在必行。

在这方面，香港的总分馆制值得借鉴参考。香港康乐及文化事务署承担地区图书馆管理中心职能，统一管理经费的使用，对所有图书资源统购统编，统一调配。人员管理同样采取一体化管理，由康乐文化事务统一负担薪酬的发放，不过图书馆工作人员可在各分馆之间流动。因此，严格来说，香港的公共图书馆系统并不是通常意义上的总分馆制，其实质是政府的一体化管理。这更适合我国国情，不过也要根据广州市、区两级财政分灶吃饭的市情作一些相应的调整。

首先，可由广州市图书馆担当总馆的职责，也可考虑在市文化局设立广州市图书馆管理处，负责"图书馆之城"的整体规划和各馆之间的协调工作，统一

全市的图书馆管理工作。各图书馆的具体事务,则由各馆自主管理。全市各馆之间,管理平台和技术共享,网上联合编目,图书资源统一规划,共建共享,借还书刊"通借通还";各分馆可根据自身条件,或者推出自己有特色的服务项目,或者开展总馆(或图书馆管理处)提供的服务项目。

其次,经费和人员管理主要由区(县)政府和图书馆负责。区(县)政府财政提供图书馆建设和管理经费。区(县)图书馆负责设立街道、社区一级分馆,统一经费的分配和使用,向各分馆派出业务骨干并在各馆之间定期轮岗,工资福利由区(县)图书馆负责。

此外,为了形成并突出各馆的馆藏特色,避免文献资源(尤其是贵重的文献资源)的重复采购,提高图书馆建设经费的使用效益,可以考虑成立总馆指导下的广州市图书馆文献资源政府集团采购中心,由各图书馆自愿组成,统一确定需采购的文献资源,最终购买合同则由文献资源供应商与各成员馆签约,购买费用由各成员馆自行承担。

(三)加强移动数字图书馆建设,建立覆盖全城、没有边界的"图书馆之城"

广州建设"图书馆之城",是要在全市建成一个没有边界的图书馆网,这就必须借助科技的力量,大力发展移动数字图书馆,构建广州市公共图书馆的网络化服务体系。从读者方面的反馈来看,喜欢进行移动阅读的人越来越多。《青年记者》杂志的调查显示,在被调查者中,有超过六成的人经常进行移动阅读,证明移动数字图书馆的发展前景十分广阔。

2010年5月,广州图书馆建立了数字移动阅读实验室,向读者提供电子阅读器外借服务,为"图书馆之城"的建设打下了较好的基础。不过仍然存在不少问题。首先是读者的使用率不高。根据用户反馈,电子阅读器预装的电子资源与读者的阅读需求差异太大,不少读者还反映电子阅读器死机、卡机、响应和下载很慢、频繁翻页等问题降低了阅读的质量和感受。其次是使用押金太高、开机和响应时间过长、无光照情况下不能使用、注解和排版不好、不能做笔记、支持格式太少、导航功能差等问题都影响了读者使用电子阅读器的热情。再次是电子阅读器与不同信息系统资源的格式兼容问题。目前,广州图书馆采用的易博士手持阅读器,只能下载和阅读北大方正 Apabi 提供的电子书,不支持 Apabi 电子书自带的 CEB 格式,也不能打开超过4兆的电子书,这使广州图书馆收藏的30万册电子书和其他大量数字文献闲置无用,不能发挥其价值。再者是电子阅读器所提供的数字化资源有待丰富。目前的电子书资源主要是网络文学和古典文学，仅能满足读者休闲阅读的需要。由于技术和版权等方面的限制，专业性、学术性的电子书资源数量仍然很少。而另一方面，科技运用、数字阅读无疑是当今图书馆发展的大势所趋也是广州构建覆盖全城的图书馆服务体系的一个重要环节。针对广州移动数字图书馆目前存在的问题，应采取相应的改进措施，吸引读者，完善图书馆的移动数字阅读服务。首先，图书馆应从数字阅读的内容入手，购买丰富的（有版权的）电子图书，用内容吸引读者。其次，有条件的图书馆可参考国外图书馆的做法，由用户参与选择资源，由图书馆购买资源，从而提高资源的有效性和使用率。再次，主动向读者介绍电子阅读器并引导其体验移动数字阅读的方式。例如，可在广州"图书馆之城"的网站上设立"电子阅读器"栏目，提供用户查询服务，让读者可以方便地了解阅读器的外借情况以及可用的配套资源。有条件的图书馆可以设立电子阅读器体验区。又次，供外借的电子阅读器类型应多样化。除易博士外，可考虑购入其他品牌，如 Kindle、翰林、汉王等，供读者选择使用。最后，开辟移动阅读的多渠道，比如可以大力发展手机图书馆。手机图书馆有"无墙图书馆"之称。与电子阅读器相比，手机阅读虽不够舒适，但更易于被用户接受。目前智能手机的使用已经相当普遍，同时得益于3G 和 4G 网络的发展，手机下载也比较方便。调查显示，使用手机阅读的人达 63.64%，远远超过电子阅读器的使用量。深圳图书馆已经开通了手机图书馆服务，并设有手机读者证。广州建设"图书馆之城"，应后起直追，组织科技力量发展手机图书馆，向读者提供自有版权的特色资源并考虑采取身份认证等方式解决读者在馆外的阅读需要。

（四）鼓励社会力量参与"图书馆之城"建设，支持私人图书馆发展

"图书馆之城"既然是一个服务于全广州市民的公益性事业，就离不开社会力量的支持和参与。鼓励个人、企业或其他民间机构加入广州"图书馆之城"的建设，不仅可以聚集各方力量，形成合力，加快建设的步伐，还可以拓宽"图书馆之城"的范围，了解和吸纳多方意见，使"图书馆之城"更好地为广州市民服务。

首先，考虑设立广州图书馆事业发展基金，鼓励社会资金投入。这个基金原则上由广州市图书馆管理部门负责管理，但应定期公布基金的吸纳及支出情况，并向社会公开征询基金的使用方案，尤其是涉及图书馆文献资源的购买，更应该

吸取公众的意见，这不仅能使馆藏资源更符合广大读者的阅读需要，从而提供图书馆资源的利用率，还可切实体现图书馆事业发展基金"取之于民，用之于民"的设立原则。

其次，鼓励并支持民间私人图书馆的发展。私人图书馆普遍存在的问题是资金缺乏和图书资源不足，广州也不例外。私人图书馆虽然规模不大，服务对象和范围比较有限，但一般都有较高的利用率，其文献资源更能把握其服务对象的阅读兴趣和阅读需要，同样具有提高公民文化素质和教养的图书馆功能，应将其视为广州建设"图书馆之城"的一股积极力量，给予一定的资金扶持和政策支持。一方面，可考虑在广州图书馆事业发展基金中划出特定比例的资金用于支持私人图书馆的发展，也可专门成立一个民间图书馆捐助基金会，重点扶持那些初具影响或有发展潜力的私人图书馆。另一方面，可制定政策，使私人图书馆能够在文献资源方面得到公共图书馆的支持。这方面，香港公共图书馆的"团体借阅方式"和"便利图书站——社区图书馆伙伴计划"很有启发。只要是学校、文化团体或合法注册的非营利机构，都可向香港公共图书馆申领团体借书证，一次性借阅200本以上的图书。这种"团体借阅方式"是香港公共图书馆开展对外团体合作的一种方式。"便利图书站——社区图书馆伙伴计划"则是以此为基础，将合作的对象扩大到志愿服务机构、屋苑会所、社会服务中心、居民组织、教育机构、青少年中心以及区议员办事处等各种非营利机构及组织。建议广州市、区馆藏资源较为丰富的公共图书馆向私人图书馆提供"团体借阅"的服务。此外，在不干涉私人图书馆的运作模式、管理规则及开放时间等的前提下，图书馆管理部门可安排公共图书馆专业人士为私人图书馆提供专业指导意见，供其参考。

（五）发掘图书馆的服务功能，增强公共图书馆的自我推广力度和对公众的吸引力

"图书馆之城"是一个覆盖全城、服务全民的图书馆网，其服务对象是人，只有当人们主动走进"图书馆之城"，其服务功能才能实现。由于网络的普及，人们获取信息的渠道越来越丰富，对图书馆的需要自然会减弱。目前，广州市图书馆一般每天接待读者7000～8000人次，高峰日可超过11000～12000人次，而其他小馆则门可罗雀，这与广州的常住人口超过1200万的人口规模很不相称。因此，发掘图书馆的服务功能，增强其自我推广力度及对公众的吸引力，是广州建设"图书馆之城"的一项重要工作。

首先，在认识上，要将图书馆的自我宣传、自我推广看成图书馆工作的一个

不可或缺的部分，并在总馆（或图书馆管理处）设专职部门负责策划、组织"图书馆之城"的宣传、推广工作。如香港公共图书馆具有较高的利用率和很好的社会效益，与其重视推广活动是分不开的。香港公共图书馆认为推广活动是图书馆自我宣传的重要方式之一，设置专门的推广活动部，并建立一套完整高效的推广活动工作机制，吸引广大读者认识图书馆，进而热爱图书馆；中央图书馆设立4名总馆长，其中之一就专门负责推广活动。广州建设"图书馆之城"，有必要学习香港公共图书馆自我宣传的意识和经验，除总馆（图书馆管理处）有专门的推广活动部门，在较大的分馆也可考虑设专人负责配合总馆（图书馆管理处）组织的推广活动，在全市形成一个统一的推广网络。

其次，应尽可能开掘图书馆的服务功能。公共图书馆被形象地称为公众的"第二起居室"，是所谓"第三空间"的重要组成部分，在社会生活快节奏的今天，人与人之间面对面的交流已经成为奢侈的高成本行为，图书馆能否为公众提供社会沟通交流的场所？设置咖啡厅、茶座等休闲交流角落，开展多种形式的主题活动，是广大读者共同分享学习乐趣、交流学习体会的通常途径，不过图书馆还可为读者提供更为深入的人际交流机会。目前在国外兴起的活体图书馆（living library）就是一种值得尝试的方式。这种图书馆出借的"书"是有特殊经历或观点或来自特殊族群的活生生的人即活体图书（living books），读者与"活体图书"采用面对面交流的方式。在"阅读"期间，读者可以向"活体图书"提问，也可以阐述自己对某些问题的看法和认识等；"活体图书"则以自己的亲身感受与读者交流，这种交流方式所产生的亲和力、感染力和说服力是文献资源所无法实现的。在 living library 这个平台上，人们可以畅所欲言，深入地交流，同时可以避免社交安全隐患以及"昂贵"的社交成本。广州素有开放和文化多元的传统，在建设"图书馆之城"之际，可考虑率先推出 living library 的活动，不仅可使广州"图书馆之城"获取公众的关注，发挥公共图书馆在建设公众沟通交流渠道、形成社会凝聚力方面的作用，并且能通过为不同社会群体间搭建交流对话平台，促进相互理解，从而解决一些社会问题，促进广州多元文化的融合与发展。

最后，图书馆还应以人性化的制度和服务吸引读者，如建立以人为中心的制度、营造内部宜人的人性化阅读环境、在图书馆内设置专为残障人士提供的无障碍设施和服务、积极引进自助服务方式（如自助借还书，馆内提供自助复印机、打印机和扫描仪）以及流动服务图书服务，等等。

（六）试行学科馆员制度，建立高素质人才队伍

图书馆的管理者是人，其专业素质直接影响图书馆的服务质量和社会效益。美国著名的图书馆学家达纳（John C. Dana）曾说："一个图书馆的馆藏，即使质量再好，贮存再佳，排列再优，如果没有好的馆员也是没有什么价值的，好的馆员是好的图书馆的一半"；现在美国更有这样一种说法：在图书馆所发挥的作用中，图书馆建筑物占5%，信息资料占20%，而图书馆员工占75%。广州建设"图书馆之城"，离不开高素质的人才队伍。

目前，广州的公共图书馆在人才建设方面的一个重要问题是编制比较紧。解决这个问题，除通过立法，在《广州市图书馆条例》中对图书馆的人员配备作相应规定，还可采用较为灵活的用人机制，即配备一定数量的事业编制的专业人员之外，聘请临时员工或义工，负责图书馆的日常事务性工作，如清洁卫生、图书上架等，解决人员不足的问题。

图书馆人才建设的另一个突出问题是人员素质亟待提高。随着"图书馆之城"的建设、广州的日益国际化，对公共图书馆一类公益性机构的人员素质要求会越来越高。在这个方面，创造人才成长的良好环境、制定切实可行的培养计划和措施、建立系统化的人才选拔机制、完善有效的人才激励机制，都是有效可行的解决办法，但同时，与国际接轨，在有条件的图书馆试行学科馆员制度，也应提上议事日程。

学科馆员是指既具备某个学科的专业学历，又能掌握情报信息知识和技能的复合型人才，其角色定位是：在利用图书馆文献资源的读者教育中充当参考咨询员，进行读者培训与教育，在提供信息便利和知识信息的学科服务中充当学科信息专家，并参与文献资源建设，对其进行系统整理、分析、归纳本馆馆藏特色，同时，向社会及时公布有效信息，包括发布相关学科领域的信息资料、推广本馆馆藏特点等。实行学科馆员制，可实现对读者专业性的学科服务，从而提高馆藏文献的借阅率和利用率。

目前，建立专业分馆、行业分馆，加强特色馆藏资源建设，是公共图书馆发展的一个重要方向。广州建设"图书馆之城"，尤其应强调分馆的馆藏特色，建立各种专业分馆或行业分馆。根据各馆的馆藏特色和定位，选择特定学科，试行学科馆员制度。如越秀区图书馆可集中收藏岭南文化方面的文献资源，这不仅能提升图书馆的专业性，还是保护和发展岭南文化的一种有效方式。

课题组成员： 曾德雄　李　燕　梁礼宏　陈文洁

广州加强非物质文化遗产生产性保护的建议

"非物质文化遗产"(以下简称"非遗")生产性保护是指,在传统技艺、传统美术和传统医药药物炮制类"非遗"领域具有生产性质的实践过程中,以保持"非遗"的真实性、整体性和传承性为核心,借助生产、流通、销售等手段,将"非遗"及其资源转化为文化产品的保护方式。① 这种保护方式是针对我国多种"非遗"传统技艺生存环境发生了急剧变化、生存土壤受到严重破坏,前些年又由于过分追求经济利益遭遇掠夺性开发的状况,由国家文化部推广指导各地实施。

2011 年年初,文化部开展了国家级"非遗"生产性保护示范基地建设工作,在经过专家初评、逐项实地考察、评审委员会审议、公示等程序后,于 2011 年 10 月 31 日命名公布了北京市珐琅厂有限责任公司等 41 家第一批国家级"非遗"生产性保护示范基地。② 广东省有潮州木雕和佛山石湾陶塑技艺两项入选,广州竟无项目入选。这反映出广州市在推动"非遗"生产性保护方面还存在很大的提升空间。

一、广州市开展"非遗"生产性保护的现状

(一)广州市可供开展生产性保护的"非遗"项目丰富

目前,广州市已有联合国授予的世界级人类"非遗"2 项,已入选国家级"非遗"名录项目名单共有 14 项,入选省级"非遗"名录项目名单共 42 项,广州市市级"非遗"名录名单第一批 35 项,广州市第二批 33 项,广州市第三批 24 项。在这些项目中,属于传统技艺、传统美术和传统医药药物炮制类,适合开展生产性保护的包括:粤绣(广绣)、广彩瓷烧制技艺、象牙雕刻、广州灰

---

① 转载自文化部 2012 年 2 月 2 日印发《关于加强非物质文化遗产生产性保护的指导意见》。
② 《文化部为国家级"非遗"生产性保护示范基地颁牌》,2012 年 1 月 31 日新华网。

塑、广州砖雕、核雕（广州榄雕）、广州木雕、玉雕（广州玉雕）、凉茶、广式硬木家具制作技艺、陈李济传统中药文化、潘高寿传统中药文化、广州珐琅制作技艺、广州戏服制作技艺、广州箫笛制作技艺、醒狮扎作、岭南盆景、西关打铜工艺、红木宫灯制作技艺、广州檀香扇制作技艺、广式腊味制作技艺、小凤饼（鸡仔饼）制作技艺、广式莲蓉饼食制作技艺、小柴胡制剂方法、端午午时茶、采芝林传统中药文化、敬修堂传统中药文化、西关正骨、致美斋广式调味品制作技艺、沙河粉传统制作工艺、岭南传统天灸疗法等31项。

  这些传统技艺是人们在长期的社会历史发展和生活实践中生产和形成，其文化内涵和技术特征性依存于现实生活的历史发展过程，技艺流程和效能作用也只有在生产生活实践的具体活动中才能得以显现和发挥。它们在现代社会的生产实践和日常生活也中仍然存在广阔的施展空间，既承担各种生产生活活动的重要环节，还能够有效增加社会的就业机会，更能够彰显现代生活的历史文化韵味。传统技艺实实在在存活于现代生产生活的各个空间，只要有适宜的环境和机遇就能够不间断地传承，乃至再发展。随着时代的演进，传统手工艺的发展空间会受到一定程度上影响和挤压，但同时也会给民间手工艺技术带来更新和进步，故而建立传统手工艺的生产性保护机制，不失为一条最有效保护地方特色的"非遗"的道路。

（二）广州市一级开展"非遗"生产性保护意识较为超前

  广州对"非遗"的生产性保护工作，具有一定的前瞻性和务实性，在国家出台有关政策之前就将一些有代表性的"非遗"项目嵌入到文化产业中开展。早在2008年广州市政协专门组织"非遗"调研工作，提出制定特殊政策，将"三雕一彩一绣"的生产制作作为特殊文化产业（区别于普通工业），在税收优惠及研发、投入、人才培养等方面予以专项资金扶持。在2011年年底召开的中共广州市第十次代表大会提出要大力扶持粤剧粤曲、广东音乐、岭南美术发展，保护传承和开发利用"三雕一彩一绣"等"非遗"，要让"三雕一彩一绣"成为具有广州风格的城市名片。

（三）广州"非遗"生产性保护制度建设起步较早

  2005年3月，广州市成立"非遗"保护办公室，正式启动本市"非遗"保护工作。2006年建立了广州市"非遗"保护工作市级联席会议制度，成立了市"非遗"保护工程专家委员会；2007年年初，广州市召开了"非遗"普查工作动员会。同时，经广州市机构编制委员会批准，广州市"非遗"保护中心于2007年2月13日在广州市文化馆正式成立。中心的具体任务包括负责执行全市"非遗"保护的规划、计划和工作规范，组织实施和指导开展全市"非遗"的普查、认定、申报、保护和展览、宣传、推介及交流传播工作。目前，广州市已经建立市、区两级"非遗"保护中心，建立了国家、省、市、区四级目录体系。

"非遗"的生产性保护是文化部最新提出的保护方式，"非遗"生产性保护政策管理和服务在国家和广东省都还处于倡导推行阶段。2012年2月，文化部印发《关于加强"非遗"生产性保护的指导意见》后，广东省文化厅积极开展广东省"非遗"生产性保护工作培训班。广州市"非遗"中心此前在多次组织非遗专家开展交流和论坛活动时，多次对生产性保护问题进行认真的研讨，对广州市"非遗"生产性保护过程中遇到的实际问题已有基本的掌握和认识，现正根据国家和广东省"非遗"保护的有关法律和政策的相关规定，起草广州市的"非遗"保护条例和规划。

（四）广州积极组织参与"非遗"生产性保护交流展示活动

广州市各级文化部门和"非遗"保护中心一直都积极利用各种机会展示和推广"非遗"产品，一方面通过举办波罗诞等民俗文化节尽可能地宣传推广各种"非遗"产品和技艺，为这些产品拓展知名度和美誉度；另一方面，广州市一直积极组织"非遗"项目和传承人参与国内国际的各种展会展览活动。2012年2月，文化部印发《关于加强"非遗"生产性保护的指导意见》后，广州市的文化部门和"非遗"保护中心更加大了对生产性保护的理念和成果的宣传推广，大大增强了"非遗"传承企业和传承人对生产性保护的认知和交流。2012年2月5日至15日，由文化部举办的"中国非遗生产性保护成果大展"在北京举行，广州市的象牙雕刻、玉雕、广彩、灰塑四个国家级非遗项目及其传承人参加了此次大展，并与其他省市的同行进行了广泛交流。2012年4月28日，2012年广东省"非遗"生产性保护成果展在中山举行，广彩、广绣、广州榄雕、广州珐琅制作技艺、致美斋、白云山光华药业的小柴胡制剂方法、潘高寿传统中药文化等参与了展览。

（五）广州初步开展生产性保护的"非遗"呈现效益两极分化

一方面，传统医药药物炮制类以及传统技艺中的凉茶、广式调味，等等，这些具有药品、饮食性质的"非遗"项目，依托于所属的生产企业通过有效的保护已呈现良好势头，有的甚至能建立起专门的博物馆或者展示平台。这些具有市场需求的"非遗"生产性保护的自主性较强，生产效益和社会效益都存在继续不断拓展的极大空间。另一方面，另一些"非遗"项目则由于市场萎缩、需求不旺、技艺复杂、原料匮乏等严重问题，在开展生产性保护的过程中呈现消极被动、举步维艰的局面。戏服制作、牙雕等的问题，便是其中较有代表性的例子，即便是市场知名度、美誉度很高的广绣，数个掌握高技术的工艺师忙于个人小作坊的小规模的生产，技艺依然尚未得到良性的传承，虽然个人制作的精品供不应求，但离生产性保护的目标还差距过大，更谈不上旅游产品、礼品市场等市场普及性的产品市场的开发。

目前，广州市"非遗"管理业务部门对"非遗"开展生产性保护过程中，常常面临两难局面：一是如果特别注重"非遗"的"塔尖"的一块，强调"非遗"的手工、传统性等特征，则产量难有大的提升，价格高企，老百姓难以接受。这不利于非遗的活态的、生产性的保护。二是如果进行大规模扩大生产，以至于部分考虑用机械的方式生产，产品丰富起来的同时，产品的质量特别是文化含量会下降，甚至有可能粗制滥造。这样反而会给"非遗"保护带来负面影响，损害社会对"非遗"项目的认同和欣赏。

二、广州市开展"非遗"生产性保护存在的问题

近年来，广州"非遗"保护取得了明显的成效，但"非遗"在全球化浪潮席卷的外来文化与商业大潮交相冲击下也出现了很多问题。城市化发展不仅仅导致人们生产、生活、行为方式由传统向现代转变，也不仅仅是城市人口结构的简单转化，更重要的是城市群体的价值观念、行为方式与传统社会人群的观念日渐分离。在近郊农村大规模征地、城中村不断拆迁、城市日趋庞大的过程中，城市的经济关系和生活方式成为文化发展的主导性因素，无形中日积月累地消解、破坏了"非遗"生存发展的土壤。通过对近年来"非遗"研究相关文献的统计、整理，我们发现，广州在"非遗"保护与开发领域存在着一些突出的问题。

（一）基层保护意识淡薄

"非遗"生存和发展都离不开民间生活的特征，决定了其保护和开发的大量工作必须从基层做起，但基层党委、政府往往因为职能繁多而对"非遗"保护工作无暇顾及，或者往往表现出明显的"重申报、轻保护"的现象。

（二）属地保护影响保护效果

"非遗"保护实行属地保护原则，通常都是按项目所在的地域，划分责任范围，而实际上有不少项目往往是跨地域的。同一个种类内容的项目在有的地方很受重视，在其他地方却没有得到最基本的保护；也有同一个种类内容的项目在不同地方受保护等级和措施相差很大，有时甚至为了争取成功申报而出现贬低、诋毁其他地方同类项目的情况。

以乞巧工艺品制作为例，广州目前仍保持乞巧节摆七夕民俗的村镇数量相当多，特别以在天河区和番禺区较为集中，但由于各镇村开展实施保护的时间、重视程度和对外宣传推广力度不同，该项非物质文化遗产的保护效果在不同镇村呈现完全不同的状况：天河区乞巧节摆七夕入选省级"非遗"，番禺区化龙镇潭山村乞巧节摆七夕则入选番禺区级"非遗"，而番禺区大龙街傍江东村、新桥村和石碁镇凌边村的乞巧节摆七夕却并未能纳入任何一级"非遗"保护。

（三）传承机制尚未完善

虽然经过几年的努力，目前已经初步建立起符合广州市情的"非遗"保护制度，但由于该项工作还处于探索阶段，仍未形成科学有效的保护机制。对已经列入名录的"非遗"项目，缺乏科学可行的保护规划和具体细致的保护措施。"非遗"实物资料保存不善甚至流失现象较为严重，古镇古村遭破坏性开发的局面仍未得到有效遏制。基层政府也未能为代表性传承人开展传承活动创造良好条件，提供必要的展示场所。传承机制欠缺最严重的体现在文化遗产传承人的匮乏上。调查发现，目前处于"非遗"保护关键和核心地位，掌握、承载非遗技艺、技能的大多为中老年人，有的已年迈，随时都有可能人亡艺消。

由于"非遗"项目传承机制不完善，"非遗"项目创新发展和审美价值的提升无法实现，这些项目在人们现实生活中与市民日渐疏离，市场越来越狭窄，大多数"非遗"项目缺乏基本的获利能力，大多数不出名的普通从业人员经济状况不佳，勉力糊口尚可，发家致富无望，"非遗"项目在技艺传承方面大都出现后继乏人的现象。

（四）专项保护经费严重不足

截至 2012 年，广州市级"非遗"传承人 82 位，经费补助按每人每年 3000 元标准发放，市级财政的用于"非遗"工作经费为 300 万元，其中相当一部分用于民俗文化节庆活动上，真正能落实到"非遗"个体项目生产性保护上的资金量捉襟见肘。在"非遗"生产性保护做得较好的番禺区，全区每年非遗经费才30万元，其中包括了人员工资和保护经费（日常工作和人员费用20万元、传承人支持经费10万元）。

与外省市进行简单对比：如北京，截至2010年，其市级"非遗"传承人共156位，经费补助按每人每年8000元标准发放。北京的东城区于2011年制定出台的《东城区非物质文化遗产保护专项资金管理暂行办法》规定，"进入国家级非物质文化遗产保护项目，补助20万元；进入市级非物质文化遗产保护项目，补助10万元；进入区级非物质文化遗产保护项目，补助5万元。"再如云南省的楚雄州，截至2011年，州级"非遗"传承人共147人，经费补助按每人每年3600元标准发放；对民族传统文化保护区按照每个保护区5万元进行补助。

广州市基层"非遗"保护工作人员反映：基层财力非常有限，政府根本拿不出钱来做具体"非遗"项目的宣传和推广。资金缺乏导致了保护工作人员的严重不足。现有的保护工作队伍数量不足，有些虽然批准了编制，但编制人员不到位，素质参差不齐，难以承担繁重的工作任务。

（五）公众参与缺位

"非遗"的生产性保护需要政府及其有关部门的指导，但仅靠政府是远远不够的，特别是"非遗"项目在民间的活态传承，更需要社会组织、研究机构、传承人和公众等多方面力量的积极参与。而目前，广州的"非遗"生产性保护主要局限于政府制定政策、联合研究机构进行理论探讨、给予传承人少量补贴等面上工作，并没有充分调动工商企业的积极性参与，也没有充分发挥民间社团的作用，更没有在市民间形成保护"非遗"的意识氛围。由于"非遗"相关行业协会未能及时成立，协会原本着力推进的"非遗"的宣传、展示、教育、传播、研究、出版等活动无法开展，为"非遗"代表性项目进行实录，制定原材料、传统工艺流程和核心技艺方面的相关标准与规范的工作也被一再推后。"非遗"项目在行业管理、行业服务、行业维权以及行业监管方面处于无序状态，这无疑对推动生产性保护工作产生了消极影响。

三、广州市开展"非遗"生产性保护的对策建议

(一)营造有利于"非遗"生产性保护正确开展的社会氛围

广州市文广新局和广州市"非遗"保护中心应该利用"文化遗产日"和传统民俗节庆,开展"非遗"生产性保护宣传展示活动,让市民大众有渠道了解认识作为广州特色文化、广州人精神特征典型性代表载体的"非遗"技艺和"非遗"产品,让市民大众有机会喜欢上"非遗"文化和"非遗"产品乃至被他们背后的文化认同、文化内涵所打动、所吸引。广州市文广新局和广州市"非遗"保护中心应该大力为代表性传承人生产产品、传承技艺、展示交流等活动积极宣传、创造条件、提供指引;鼓励和支持代表性传承人结合现代审美需求创新发展传统核心技艺,不断开发新技术、新工艺、新产品,推动传统产品功能转型;支持和帮助代表性传承人开展技艺和产品宣传推广,利用各种传统媒体和新兴媒体宣传"非遗"产品的文化价值和审美趣味;鼓励政府采购将代表性传承人的代表作品纳入礼品采购清单并实行优先采购;等等。通过一系列宣传和推动措施的实施,为优秀"非遗"恢复"自我造血"功能营造积极社会氛围,为推动"非遗"的"活态"传承打好良好社会基础。

(二)尽早出台广州"非遗"生产性保护相关的政策法规

为将"非遗"的生产性保护纳入法制化、规范化轨道,应在国家和广东省出台的法律法规及相关政策的指导下,结合实际情况,制定有针对性的广州市"非遗"生产性保护法规和政策。通过制定颁布法规和政策,公开"非遗"生产性保护的门类品种和要求标准;明晰开展生产性保护单位和代表性传承人的确定及其权利义务;明确不履行生产性保护义务的单位和传承人的退出条件,一经查实即予退出公示,有违法经营行为的令其承担相应法律责任;建立奖励举报机制,对于生产性保护单位或传承人违反保护义务的举报人,一经查实举报属实的给予奖励;定明对开展生产性保护成效明显的单位和传承人奖励的方式和标准;等等。

广州完全可以在国家、广东省出台基础保护法律的基础上,进行生产性保护的立法创新和细化。"非遗"生产性保护应建立在对"非遗"手工艺品与一般手工艺品进行严格区分生产和销售的基础之上,对各级各类的"非遗"手工艺品

的生产企业和产品经过一定的标准和程序进行认定和挂牌,通过给予扶持和税收优惠等政策倾斜支持其扩大生产规模,并通过严格的监管保证其产品的手工传统技艺特征,一经发现其生产过程违背认定工艺特征的即取消其"非遗"产品生产资格,以此来确保消费者能够在这些挂牌的"非遗"企业购买到真正具有手工价值的"非遗"产品,确保真正"非遗"产品的文化和经济价值的充分体现。另一方面,对于以一般工艺品或一般日用品冒充非遗产品的生产企业要坚决打击和取缔,但对于不假借"非遗"之名、积极引入或嫁接部分"非遗"元素加入一般工艺品和日用品大工业生产的企业则进行鼓励和支持。

(三)多渠道增加和吸纳资金投入

首先,广州市、区(县级市)两级财政明确出台"非遗"生产性保护扶持资金的具体保障机制,将保护资金列入本级财政预算,建立专项保护资金和保护资金逐年按一定比例递增的机制,明确开展"非遗"生产性保护项目主体的资助标准及程序等。其次,最大限度争取中央财政支持,鼓励和支持有实力的"非遗"生产性保护项目主体积极探索和创新,推荐"非遗"生产性保护工作成效良好的单位积极申报中央财政资助。最后,有效构建"非遗"生产性保护运作体系,积极畅通社会资金进入通道,鼓励企业、社会组织和个人深度参与到"非遗"生产性保护之中。

(四)发动民间力量积极参与"非遗"生产性保护

组织文化学者、民俗专家和文艺工作者参与保护"非遗"活动,特别要注重发挥关心文化发展的企业、文化社团、文化经纪和各界人士的作用。鼓励和支持成立非营利性的广州市"非遗"生产性保护协会,通过协会开展专题研究、组织专题培训、创新组织模式、统一市场推广形象、打包打造广州"非遗"品牌等的方式,将广州开展生产性保护的"非遗"项目和"非遗"产品进行整体策划、整体宣传、整体推广,在社会各种力量全方位参与、整合各方资源、形成良性互动的基础上实现广州"非遗"生产性保护的最佳成效。

(五)全方位分层次开展"非遗"生产性保护的教育与培训

在业界,注重加快传统工艺行业人才的培养成长,既鼓励师徒手把手传承技艺,也要举办各类教师授课式专业技能培训,开展对目前从业人员的免费轮训,对愿意进行"非遗"技艺学习的人员进行补贴性系统培训。特别要注意邀请文化人类学专家、民俗学专家、美术美学专家开展"非遗"文化内涵、美学欣赏等方面的课程和讲座,提升从业人员的综合素质和创作能力,为培养"非遗"生产性保护所需的人才进行充分准备。

在教育界,实施民间文化火种计划。在中小学校建立"非遗项目传承基地",推动民间文化进课堂。编写一套乡土教材,向中小学生普及推广"非遗"艺术;在第二课堂上学习民间工艺,使其从小接触,培养兴趣,建立广泛的群众基础,从长远解决后继乏人的问题。

在职业学校和高等院校,增设有关方面的专业学科,以产、学、研结合之路培育专业人才。对所有在校大学生开展"非遗"文化和民间艺术教育,将这些内容列入所有大学生必修的公共课程,普遍提升大学生艺术素质和修养,招募"大学生文化义工",参与民间艺术的复兴工作。

在社会各界,进行民间工艺的科普教育,推动民间工艺的研究出版项目,设计与各地的交流传承活动,等等。在市民中开展剪纸、广彩绘制、狮头制作、菠萝鸡制作等的培训。依托"广州论坛"、"羊城学堂"等阵地举办"广州民间艺术大讲台",进行科普教育与传播;组织大师技艺系列讲座,开设以民间文化为专题的各种论坛、讲座,等等。

(六)鼓励"非遗"生产性保护与文化创意产业融合发展

任何文化产品只有参与大流通,才能进行大传播。"非遗"技艺、"非遗"产品应与多个学科、行业进行融合、嫁接,延展价值链,促进新的发展。应延长艺术价值链,从宣传、延展设计、应用、保存到收藏销售;延展设计应用可用到工业设计、日用品设计、文化消费品设计等多个方面,配合珠三角的工业制造群,以高附加值转换价值。这些价值链的延展产品,虽不是直接作为"非遗"产品进入市场,但却是对"非遗"所代表的文化精髓的最好保存和延续,是使地方特色文化土壤保持充足养分和生命力的最好方式。"非遗"既能生产技艺传承考究的传统工艺品,也完全可以融入最前沿的时尚产品中,只是需要对"非遗"理解掌握到位的现代设计者与传统艺人合作,了解消费者心理和诉求,设计出既有地域传统特色又契合现代时尚的作品。政府和社会各界都应该努力为保持我们的文化特色和文化基因尽我们最大的努力和尝试,激活地方特色文化资源,将地方文化资源的精髓输入到现代特征鲜明的文化创意产业中持续发展。

（七）将"非遗"元素运用于广州文化标识符号

每一个城市都有自己堪为个性代表的城市符号，它是城市在各种经济与社会活动方式中所形成的独特性的概括与抽象。这些符号，一方面是外来人群认知该城市独特风格的路径；另一方面，也是该城市居民对自己城市的最集中的认同方式。广州的"非遗"产品，不仅仅是一项技艺，更是地方文化的结晶与载体，代表着城市与地域的特色。应成为广州特有的城市符号之一，进行多渠道的展示与开发。"非遗"产品所具有的文字、图像、象征意义的多重性，显示了与城市的历史文化有着深厚的联系，它所承载的内涵与城市的成长有着千丝万缕的联系；同时具有审美的价值，可以完美地传达城市风格、传达精神意义的长久性。另外，它是民俗心理的一部分，为大众所接受和认同，体现为一种共同的对城市特质的向往、追求、怀念与记录。为此，建议在城市建筑、设计、旅游等项目中，广泛应用"非遗"产品和"非遗"元素，在传播岭南的地方文化特色强力呈现广州城市印记，将广州的城市个性特质充分体现。

课题组成员： 柳立子　贾云平　陶乃韩　周翠玲